国家级职业教育规划教材
全国技工院校市场营销专业教材（中级技能层级）
全国中等职业学校市场营销专业教材

（第二版）

MARKETING

推销实务

肖剑锋　主编

中国劳动社会保障出版社

简介

本教材为国家级职业教育规划教材，主要内容包括：推销准备、推销接近、介绍产品、报价议价、处理异议、促成交易、售后跟踪等。教材依据中职学生认知特点编写，每个课题均用案例做引导，通过对案例的分析引出知识讲解，同时在知识讲解中穿插课堂训练，通过做一做（动手实践）、评一评（成果评析）、悟一悟（自我提升）三个步骤，帮助学生理解、吸收所学知识。每个课题还配有思考与练习，帮助学生巩固知识和技能。

本书由肖剑锋任主编，程海龙、肖磊、包晓红、关宏参加编写。

图书在版编目（CIP）数据

推销实务 / 肖剑锋主编. -- 2版. -- 北京：中国劳动社会保障出版社，2019

全国技工院校市场营销专业教材. 中级技能层级　全国中等职业学校市场营销专业教材

ISBN 978-7-5167-3930-3

Ⅰ.①推…　Ⅱ.①肖…　Ⅲ.①推销－中等专业学校－教材　Ⅳ.①F713.3

中国版本图书馆CIP数据核字（2019）第058030号

中国劳动社会保障出版社出版发行

（北京市惠新东街1号　邮政编码：100029）

*

河北宝昌佳彩印刷有限公司印刷装订　新华书店经销

787毫米×1092毫米　16开本　15.75印张　245千字

2019年4月第2版　2025年5月第8次印刷

定价：29.00元

读者服务部电话：（010）64929211/84209101/64921644

营销中心电话：（010）64962347

出版社网址：http://www.class.com.cn

http://zyjy.class.com.cn

前言

全国中等职业技术学校市场营销专业教材自出版以来，在学校教学中发挥了重要作用。近年来，随着经济的发展，我国市场营销环境也发生了巨大的变化，这对市场营销从业人员的职业素养和知识、技能水平都提出了更高的要求。为适应这一变化，满足学校培养人才的需求，我们组织了一批骨干教师与行业、企业专家，在充分调研的基础上，对现有教材进行了修订。

本次教材修订工作的重点主要体现在以下几个方面：

第一，完善了教材体系。根据目前职业院校市场营销专业的教学实际，将《店铺陈列》《店铺促销》《连锁经营与管理》等教材整合为《店铺经营与管理》，增加了《市场调查》教材。调整后，整套教材体系更加科学、完善，也更便于教学。

第二，更新了教材内容。针对市场营销专业的现状和发展趋势以及企业的岗位需求，调整、补充和更新了相关教材的结构和内容，使教材更具时代感和前瞻性。增加了实践性教学内容的比重，在主要技能课教材中加入实训项目，并配以详细的操作指导，以引导学生运用所学知识分析和解决实际问题。

第三，改进了教材表现形式。针对学生的认知规律，在教材编写上尽可能多地以图表代替冗长的文字叙述，使教材更加生动，易于学习。同时，对上一版教材的栏目设置进行了整合、优化，使其脉络更加清晰，提高了教材的可读性和实用性。

第四，加强了教材配套资源建设。在修订教材的同时，修订了配套习题册和电子课件。电子课件及习题答案可通过职业教育教学资源和数字学习中心

（http://zyjy.class.com.cn）免费下载。在部分教材中使用了二维码技术，针对教材中的教学重点和难点制作了案例文本、演示视频等多媒体素材，学生使用移动终端扫描二维码即可在线观看相应内容。

本套教材的编写得到了有关学校的大力支持，教材编审人员做了大量的工作，在此我们表示衷心的感谢！同时，恳切希望广大读者对教材提出宝贵的意见和建议。

人力资源社会保障部教材办公室

目录

模块一　推销准备

在正式推销前要进行必要的推销准备，推销准备工作的好坏直接关系推销活动的成败。一般来说，推销准备工作主要包括五个方面：一是选择推销形式，二是寻找潜在客户，三是做好拜访计划，四是准备推销工具，五是设计个人形象。

学习目标：

1. 掌握寻找和评估潜在客户的技能
2. 掌握制订拜访计划的技能
3. 掌握准备推销工具和提炼产品卖点的技能
4. 掌握建立良好个人形象的技能
5. 能根据具体情况选择合理形式和流程进行产品推销

课题一　选择推销形式

小吴打算通过为某知名度较低的厂家推销皮鞋开展社会实践活动，为此，小吴和同学们针对采用哪种推销形式探讨了很多天，他们有的建议开专卖店，有的建议开网店和微店，有的认为可以上门向家庭用户或超市进行推销，还有的说采用电话销售等。

阅读案例，思考以下问题：

*什么是推销?

*推销有哪些形式？如何选择?

*推销有一套相对标准的工作流程吗?

一、认识推销

广义的推销是指活动主体试图通过一定的方法和技巧，使特定对象接受某种事物和思想的行为过程。狭义的推销是指推销员通过创造、沟通与传送价值给客户，经营客户关系，使双方的需要得到满足的行为过程，也就是通常所指“促销”中的“人员推销”。本书主要讲述的是狭义的推销。

推销的要素主要包括推销主体（推销员）、推销客体（产品或服务）和推销对象（客户）。在推销的三个基本要素中，推销员是最关键的要素。许多推销员以为他们卖的是产品，其实不然，真正的推销不是推销产品，而是推销自己。推销成功与否，很大程度上取决于推销员的品质、信心、服务精神、态度和技能，因为只有客户接受你、相信你，才可能会购买你的产品。推销理论中著名的吉姆模式（GEM）告诉我们，推销员的成功来源于从心底深处相信所推销的产品（Goods）、企业（Enterprise）和自己（Man）。

推销的功能可以归纳为销售商品、传递商品信息、提供服务和反馈市场信息四个方面。

二、推销的形式与特点

以推销员的活动方式来划分，推销的形式与特点见表 1—1—1。

表 1—1—1　　推销的形式与特点

形式	定义	特点	适用范围
上门推销	由推销员携带产品样品、说明书和订单等走访客户，推销产品	1. 针对客户的需要提供有效的服务，方便客户 2. 和客户面对面交流，方便取得第一手信息 3. 随时回答客户提问，可以随机应变地调整销售策略 4. 对推销员形象、素质、口才等要求较高 5. 推销员投入的时间和精力较多	主要适用于面向组织购买者的商品及面向终端消费者的专业性较强的贵重商品
店堂推销	在适当地点设置固定门市或柜台，由推销员接待上门客户，推销产品	1. 客户主动上门寻购，容易接近 2. 易于掌握客户的偏好，说服客户即时购买 3. 产品种类齐全，可以保证产品完好无损 4. 客户乐于接受这种方式，成交的机会较高 5. 要支付较高的租金费用和宣传推广费用	主要适用于面向终端消费者的小商品、贵重商品和容易损坏的商品
会议推销	利用各种会议向与会者宣传和介绍产品，开展推销活动	1. 群体推销，目的明确、接触面广、推销集中 2. 成交额较大，推销效果较好 3. 行业性较强，便于公关宣传 4. 间歇性强，销售的可持续性差	主要适用于面向组织购买者的各类大单商品
电话推销	通过电话向潜在客户展示产品或服务，以达到获取订单、推销产品的目的	1. 足不出户，快速及时，节省时间 2. 效率高，可使服务流程标准化 3. 联系远距离客户，减少出差和旅行方面的费用 4. 缺乏信息的表达力 5. 无当面情谊，推销易被拒绝	主要适用于面向组织购买者的大单商品及面向终端消费者的专业性较强的商品
网络推销	通过网络工具与客户沟通，进行产品和服务推销	1. 图、文、声并茂，广告与销售完美结合 2. 效率高，可大范围、长距离沟通，沟通方便，费用极低 3. 精准营销，容易清楚掌握客户情况 4. 要求推销员既懂网上操作，又懂推销技巧	适用于面向各类客户的各类商品

三、推销的工作流程

完成一项推销工作通常会有一定的思路与模式，为了便于培训，通常会将之固化为一些行动套路和步骤，如推销八步法：①收集情报，寻找客户；②信息沟通，约见客户；③接近客户，建立信任；④摸准需求，介绍产品；⑤斗智斗勇，价格洽谈；⑥交换意见，处理异议；⑦抓住时机，达成交易；⑧售后跟踪，关系营销。

一个完整的推销工作流程如图 1—1—1 所示。

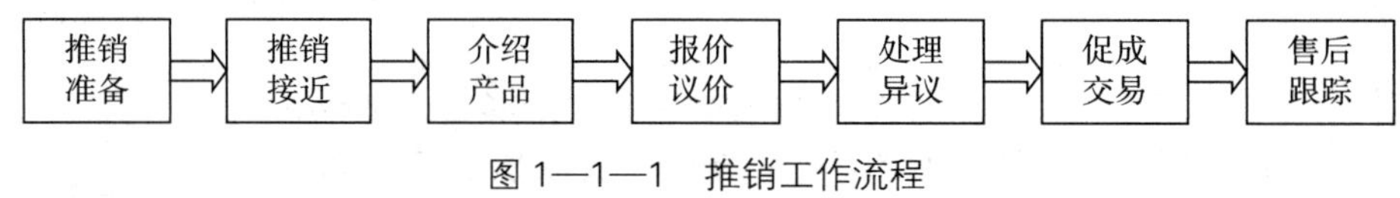

图 1—1—1　推销工作流程

需要着重指出的是：首先，推销是一项复杂多变的工作，应该全面和灵活地看待、判断和处理推销工作所面临的不同阶段；其次，并不是每次推销活动都必须经过这几个阶段，切忌机械地套用工作流程来指导自己的推销工作；最后，各个流程存在相互联系、相互渗透甚至相互融合的关系，切忌人为地进行割裂。

在实际工作中，推销员不能生搬硬套以上推销步骤，而要根据客户的实际情况，灵活地处理以上套路和步骤：可能省略某些步骤，可能几个步骤并行，也可能将工作重点放在个别步骤上等。如对于熟悉的老客户，往往只需要直接摸清对方需求，然后达成交易即可，工作的重心应放在售后跟踪和维护双方关系上；对于内行客户，介绍产品和价格洽谈往往是工作重心；对于犹豫型客户，工作重心是要先设法消除他们的不信任心理，然后再介绍产品并引导他们采取购买行为；而对于素未谋面的准客户，则要先按以上步骤进行，在接触的过程中根据对方的情况再做出调整。

四、推销的适用范围

推销手段采用的是推式策略，即以直接方式，通过推销员把产品或服务推介给客户（可以是代理商、批发商、零售商或最终消费者），该策略总体来说适用于以下四种情况：

1. 企业经营规模小或无足够资金用以执行完善的拉式策略（如广告、公关、宣传等）。

2. 市场较集中，分销渠道短，推销队伍大。

3. 产品具有很高的单位价值，如特殊品、选购品等。

4. 产品的使用、维修、保养方法需要进行示范等。

课堂演练

做一做

给以下产品设计合适的推销形式，要求简述理由（可自行补充条件）。

珠宝、畅销书、鲜花、房子、空调、洗衣粉、汽车保险、音响、数控机床、食品添加剂、茶叶、杀毒软件、卫具、产品认证体系、进口知名红酒、家庭自产皮鞋。

评一评

在上述任务中，可以采用如图 1—1—2 所示步骤去设计合适的推销形式。

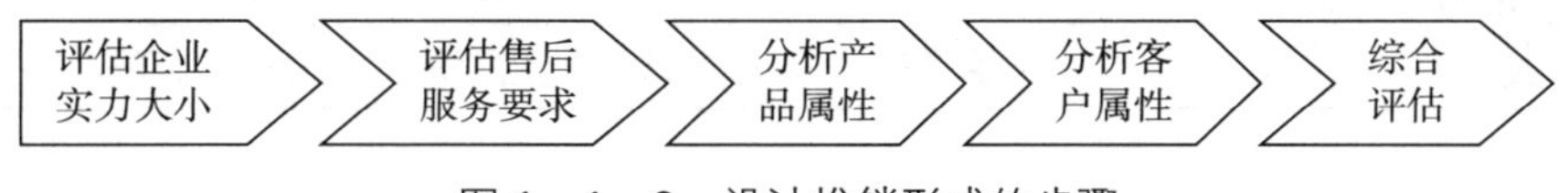

图 1—1—2　设计推销形式的步骤

一、企业实力

根据企业实力，宜选择的推销形式见表 1—1—2。

表 1—1—2　企业实力与推销形式

实力名称	实力特征	宜选择的推销形式	举例
企业规模	较大	上门推销、会议推销、店堂推销（连锁）	数控机床等
	较小	上门推销、店堂推销、网络推销	家庭自产皮鞋等
企业资金	雄厚	店堂推销（连锁）、上门推销、电话推销、会议推销	空调、进口知名红酒等

续表

实力名称	实力特征	宜选择的推销形式	举例
企业资金	薄弱	店堂推销、上门推销、网络推销	鲜花、产品认证体系、茶叶等
员工数量	较多	上门推销、店堂推销（连锁）、电话推销	汽车保险等
	较少	店堂推销、网络推销	家庭自产皮鞋等
渠道结构	复杂	店堂推销（连锁）、网络推销	洗衣粉等
	简单	上门推销、电话推销、网络推销、店堂推销	产品认证体系等

二、售后服务要求

根据客户对售后服务的要求，宜选择的推销形式见表 1—1—3。

表 1—1—3　售后服务要求与推销形式

售后服务指标	指标特征	宜选择的推销形式	举例
企业售后服务能力	较强	上门推销、会议推销、店堂推销（连锁）	空调、音响等
	较弱	店堂推销	鲜花、家庭自产皮鞋等
客户对售后服务的重视程度	较高	店堂推销、上门推销、会议推销	空调、进口知名红酒等
	较低	电话推销、网络推销、店堂推销	房子、卫具、茶叶等

三、产品属性

根据产品属性，宜选择的推销形式见表 1—1—4。

表 1—1—4　产品属性与推销形式

属性名称	属性特征	宜选择的推销形式	举例
品牌知名度	较高	网络推销、店堂推销（连锁）、电话推销、会议推销	进口知名红酒等
	较低	上门推销、店堂推销	家庭自产皮鞋等
标准化程度	较高	网络推销、店堂推销、会议推销	空调、音响等
	较低	上门推销、电话推销	汽车保险、产品认证体系等

续表

属性名称	属性特征	宜选择的推销形式	举例
价值贵重度	较高	店堂推销、上门推销、会议推销、电话推销	珠宝等
	较低	店堂推销、网络推销	洗衣粉等
使用复杂度	较高	上门推销、店堂推销、会议推销	数控机床等
	较低	店堂推销、网络推销、会议推销、电话推销	茶叶等
易于携带度	较高	均可	畅销书、杀毒软件等
	较低	店堂推销、网络推销、会议推销、电话推销	房子、卫具、鲜花等

四、客户属性

根据客户属性，宜选择的推销形式见表 1—1—5。

表 1—1—5　客户属性与推销形式

客户属性	宜选择的推销形式	举例
组织客户	上门推销、会议推销、电话推销	食品添加剂、数控机床等
中间客户	店堂推销、上门推销、会议推销、网络推销	空调、音响等
终端客户	店堂推销、网络推销	畅销书、鲜花等

五、综合评估

综合以上几方面评估分析，再结合具体的实际情况，最终设计出合适的推销形式。

悟一悟

将做一做环节的演练结果与评一评内容作比较。

差距:______________________________

原因:______________________________

心得:______________________________

思考与练习

一、讨论思考

1. 你能各举一例来分别说明推销的四种功能吗？
2. 如何理解“推销的要点不是推销产品，而是推销自己”这句话？
3. 你怎样评价“没有不好推销的产品，只有不会推销的人”这个说法？

二、案例分析

“您第一次来咱家店？”美发店的推销员笑得灿烂。

“是啊。”顾客点点头，有些生分。

“今天您是剪头发，还是做造型？”推销员笑意盈盈。

“就剪个头发，一把年纪了还做什么造型呀？”顾客回答。

“瞧您说的，您可一点都不老。这要是头发能再多一些，都赶上电影明星了。只要好好保养，您的头发就不会脱了，您看您头皮上长有许多细发。”

“是吗？你没有骗我吧？”顾客半信半疑地接着说，“唉，”顾客叹了口气，“十几年前就开始脱发了，没有办法。”

“您别叹气，您这脱发完全是因为没有保养，您这头皮太脆，细发长出来留不住，只有解决头皮脆的问题，增强头皮组织的凝聚力，才不会脱发，让细发长粗长长。”

顾客愣了一下。

“您长相好，再有一头浓发，那就是标准的成功人士了！”

“是吗？”顾客有点欣喜。“那你说有什么办法？”

“有啊，我们老板以前头发比您少多了，去年用了一款叫 ××× 的生发水，做了一次 12 天的疗程就长出了一头浓发。大家刚开始还以为他戴了发套呢。”推销员绘声绘色地说道。

“要不给您做一个疗程？这可是我们店刚刚引进的原装货。”推销员很自然地问道。

“一个疗程要多少钱？”顾客忍不住问道。

“九千八百元。”

“没有优惠吗？”顾客追问。

“现在是开业酬宾大优惠的最后两天，您只要办一张贵宾卡就可以打9折。”

“可惜我没有带钱包，明天来办卡吧。”顾客回答道。

“您不介意留个电话给我吧。”推销员很熟练地掏出了手机开始准备记录。

“我明天会来的，没必要留电话了。”顾客回答道。

“好啊，我等您。这是我的名片，来时打我电话。”

问题：

1. 美发店推销员用了什么方法来让顾客产生好感？

2. 你能分辨出美发店推销员用到了哪些推销流程或步骤吗？试列举出来。

三、情境模拟

给以下产品设计合适的推销形式，要求简述理由（可自行补充条件）。

品牌打印机、大米、西装、电梯、化工原料、水杯、高尔夫会员卡、电影票、自行车、字画、羽毛球等。

课题二　寻找潜在客户

小林和小王一同就职于某装修工程公司做推销员，其工资主要由底薪（1 200 元）加提成（工程额的 1%）构成，虽然都没什么工作经验，但二人脑筋活、肯吃苦、服务意识强、勤奋自律，是做销售的好材料。

小林每天工作很规律，目的也很明确，一上班就往装饰材料市场跑，逐个店铺地拜访并留下名片及报价单，让店铺老板给介绍客户。而小王则经常是“神龙见首不见尾”，他跑的范围很广：工地、写字楼、物业公司、机关事业单位的后勤部门、装饰材料市场、房地产中介、报刊亭、电器卖场等，除了去拜访这些地方之外，小王还经常上网搜索和发布一些信息，更奇怪的是，小王还会经常去参加一些建筑行业的会议。

阅读案例，思考以下问题：

* 推销员为什么要去主动寻找客户？
* 推销员如何去寻找客户？
* 推销员怎样去评估自己初次接触到的客户？

客户可以分为目标客户、潜在客户和准客户三类。目标客户是指企业的产品或者服务的针对对象，是产品的直接购买者或使用者。潜在客户是指可能成为现实客户的个人或组织，这类客户有需求或购买能力，但尚未与企业或组织发生交易关系。准客户是指既有购买所推销的产品或服务的欲望，又有支付能力的个人或组织。

在推销活动中，推销员的首要任务就是要确定好自己的目标客户，不断挖掘潜在客户并对其进行鉴定，看其是否具备准客户的资格和条件。如果潜在客户具备成为准客户的条件，就建立相应的档案，并作为接下来的推销对象；如果不具备，就不能将其列为当前的推销对象。

一、寻找潜在客户的必要性

推销员总是在一定的区域内进行工作的，而在推销区域内，由于竞争对手的存在、客户出现人事变动或需求变化、产品出现问题等原因，老客户会出现流失，需求数量会变动，如果不寻找新的客户，那么推销员的客户就会变得越来越少，业绩将越来越差。

推销员的职业发展是凭业绩说话的，如果能拥有更多的客户，推销更多的产品，那么，推销员在提升待遇的同时，还能得到更多的晋升机会，向着自己的奋斗目标靠得更近，这些都不断刺激着推销员去寻找新的客户。

推销工作是需要发挥推销员主动性和积极性的一项工作，懒惰和消极是推销员的天敌。客户自己找上门来的很少，所以任何一家企业，都需要行动能力强的推销员。只有推销员不断去寻找新的客户，才能增加做成生意的机会，产品的销路才会越来越广。

所以，寻找客户是推销员的基本功，它是推销工作的重要步骤，也是推销成败的关键性工作。

二、寻找潜在客户的方法

要扩大销售，推销员首先必须能寻找到大量的潜在客户，其常用方法见表1—2—1。

表1—2—1 寻找潜在客户的方法

方法	定义	特点	适用范围
普遍寻找	在特定的区域内挨家挨户进行扫街式访问的方法	1. 接触面广、信息量大，不会遗漏客户 2. 让更多的人了解到自己的企业 3. 相对盲目，成本高，费时费力 4. 容易被客户抵触，推销员精神负担重	主要用于工矿企业对中间商、生产商等组织消费者的推销

续表

方法	定义	特点	适用范围
广告拉引	利用各种广告媒介吸引目标客户反馈的方法	1. 传播信息速度快、覆盖面广、重复性好 2. 相对普遍寻找法更加省时省力 3. 具有推销说服的功能，提高工作效率 4. 需支付广告费，针对性和及时反馈性不强	通常用于某种产品或服务刚进入市场时，如某餐厅刚开业时大量发放印刷广告等
连锁介绍	通过老客户的介绍来寻找有可能购买该产品的其他客户的方法	1. 他人引荐易取得信任，成功可能性大 2. 降低推销费用，提高工作效率 3. 必须取得老客户的充分信任 4. 可拓展客户的数量相对有限	主要用于具有相同消费特点的客户或推销群体性较强的商品，如通过老业主介绍新客户来推销房产等
中心开花	在某特定范围内发展有影响力的中心人物，再通过他们去辐射该范围内的组织或个人的方法	1. 借助“中心人物”的光环来扩大影响，省时省力 2. 推销成功率高，费用低 3. “中心人物”起决定作用，取得其合作不容易 4. 选“中心人物”风险比较大，可能贻误推销时机	比较适于新产品、高级消费品或为企业创造名望的产品的推销，如利用理发师推介新品高级洗发水等
查阅资料	通过查阅各种现有的信息资料，尤其是行业名录、行业期刊、协会会刊、广告黄页等来寻找客户	1. 能保证一定的可靠性，省时省力 2. 可以展开前期客户研究，针对性更强 3. 费用较低，效率较高 4. 受资料所限，容易遗漏客户	比较适于寻找组织客户，如化工原料的推销，可通过行业名录寻找客户等
委托助手	委托有关人员为自己有偿服务，以收集信息、寻找客户的方法	1. 提高工作效率，能把更多精力花在有效推销上 2. 避免了陌生拜访的压力 3. 工作受助手能力和品德影响，推销员较被动	比较适于耐用品和大宗货物的推销，如房地产的推销、一批西瓜的推销等
会议寻找	通过有目的地参加各种会议或活动去收集资料、寻找客户的方法	1. 能保证一定的可靠性，省时省力 2. 容易接近，可近距离初步了解客户情况 3. 受制于会议或活动的时效，推销主动性差 4. 容易遗漏客户	主要用于寻找具有相同消费特点的某类或某行业客户，如在广交会某专场寻找客户
花钱购买	通过向一些拥有行业客户资料的组织或个人购买信息，以寻找客户的方法	1. 提高工作效率，能集中精力花在有效推销上 2. 可靠性和针对性强，信息较详尽 3. 客户易产生抵触情绪 4. 有被骗甚至违法的风险	主要用于寻找分布较松散但具有相同消费特点的客户，如汽车保险推销员向汽车企业内部人员购买其客户资料

续表

方法	定义	特点	适用范围
个人观察	根据自己对所接触的个人或组织的直接观察寻找潜在客户的方法	1. 直接面对市场，排除中间干扰 2. 扩大视野，跳出原有推销区域，发现新客户 3. 培养观察能力，积累推销经验，提高推销能力 4. 由于事先完全不了解客户对象，失败率比较高	主要用于经验丰富的推销员在与他人有现场接触的场合进行推销
网络搜索	在一些行业网站上收集客户资料，或利用搜索引擎的关键词查找潜在客户的名单及资料	1. 不受时空限制，成本较低 2. 通过浏览客户公司的网站，能获得较多的客户信息 3. 要花费一定的精力 4. 一般只能找到客户公司的前台电话，要找到客户公司决策者比较困难	比较适于寻找分布较分散的组织客户或单价较高产品的客户，如房产中介的推销，可通过58同城网站上的房屋租售栏目寻找潜在客户

三、评估潜在客户

一般而言，推销员在寻找潜在客户的过程中，应对他们进行评估，以确定是否将其列为准客户进行下一步的拜访工作。

对潜在客户的评估一般采用“MAN”法则，即：

M：Money，代表“支付能力”，评估对象是否有一定的购买能力。

A：Authority，代表“购买决定权”，评估对象对购买行为是否有合法交易的权力及对购买行为是否有决定、建议或反对的权力。

N：Need，代表“需求”，评估对象是否有对产品或服务的需求。

1. 支付能力

评估客户支付能力（M）可参照表 1—2—2。

表 1—2—2　　客户支付能力评估表

客户类型	消费者				组织购买者				
评估内容	收入	消费支出	储蓄	消费信贷	运营状况	信用状况	支付能力	短期偿债能力	现金流状况
评估途径	消费者单位财务部门				相关机构（主管部门、市场监管、税务、审计、银行等）				
	金融机构、税务机构				组织内部的信息及沟通中的观察				

续表

客户类型	消费者	组织购买者
评估途径	消费者的熟人	公众信息（传媒、社会评价和舆论、信誉评价等）
	消费者的家庭成员组成、职业及收入开支情况	专业公司（调查、咨询、公关公司及会计师事务所等）
	消费者的职业、职位及消费者的穿着打扮和用品档次等	亲临企业现场实地考察和访谈

2. 购买决定权

评估客户购买决定权（A），主要是评估购买人是否具有作为市场经营主体的行为能力且具有对推销品的购买决策权。

评估终端消费者的购买决定权，主要通过观察和经验去判断，如通常来说，丈夫在家用电器上的决定权较大，而妻子对日常生活用品更有决定权。评估组织客户的购买决定权，一般要了解组织内部的所有制性质、决策机制、规章制度、组织架构、人事分工、职权范围、关键人物性格、人际关系等。

示例：

有一位茶叶企业的推销员去一家工厂推销，推开行政处的门，看到里面坐着一位30多岁的女士和一位50多岁的男士，按照以前的经验，该推销员理所当然地认为男士就是要找的关键决策人。于是在请教男士姓名后，就左一个处长右一个处长地叫，一边介绍带来的茶叶，一边给这个男“处长”泡茶试饮，丝毫没有顾及那位女士。看到这位男士一边品茶一边点头称赞，推销员很高兴，以为这下基本搞定了，谁知这位男士向那位女士说道：“宋处长，我厂不是要发福利吗？这种茶叶不错，要不，咱们就发茶叶吧？”女士头都没抬地说：“不好，不要。”

3. 需求

评估客户需求（N）可参照表1—2—3。

在运用“MAN”法则时，需要特别指出的是，只有符合法律规定生效条件的合同才是有效的合同，否则有可能不仅无效而且会受到法律的制裁。合同的有效要件应完整包括：行为人具有相应的民事行为能力，意思表示真实，不违反法律或者社会公共利益，合同标的明确且有可能性。

表 1—2—3　　　　　　　　　　　　客户需求评估表

<table>
<tr><td>需求项目</td><td colspan="4">项目 1:
是否需要</td><td colspan="2">项目 2:
何时需要</td><td colspan="2">项目 3:
需要多少</td></tr>
<tr><td>状况</td><td>确实没有需求</td><td>客户未能发现对推销品的需求</td><td>客户因某些原因暂时没有需求</td><td>客户习惯用竞争对手的产品而没有需求</td><td>近期</td><td>客户说不清楚</td><td>当前的需求量</td><td>视将来的发展情况</td></tr>
<tr><td>对待方式</td><td>放弃</td><td>暂时保留</td><td>保留观察</td><td>重点对待</td><td>重点对待</td><td>帮助判断</td><td colspan="2">重点对待需求量大且可持续发展的客户</td></tr>
<tr><td rowspan="3">评估方法</td><td colspan="2">需求层次分析法</td><td colspan="6">分析客户需求的层次，评估推销品的档次是否适合</td></tr>
<tr><td colspan="2">需求差异分析法</td><td colspan="6">分析客户需求的差异，评估推销品的特点是否适合</td></tr>
<tr><td colspan="2">边际效用分析法</td><td colspan="6">了解客户对产品的持有状况，分析推销品能给客户带来的边际效用</td></tr>
</table>

正因如此，推销员在评估客户时，首先要做的工作就是评估客户是否具有相应的民事行为能力（如身份证明、法人证明等）和合法的资质条件（如工商营业执照等）。

适当运用“MAN”法则（见表 1—2—4），可以供推销员判断谁是潜在客户，以及客户处在何种状态。

表 1—2—4　　　　　　　　　　　　“MAN”法则的运用

M	A	N	判断结果	工作优先级顺序
有	有	有	有望客户，理想的推销对象	1
有	无	有	可以接触，并设法找到具有购买决定权（A）的人	2
有	有	无	可以接触，配上熟练的推销技术，有成功的希望	3
无	有	有	可以接触，需调查其业务状况、信用条件等	4
无	无	有	可以接触，长期观察、培养，使之具备另一条件	5
有	无	无	可以接触，长期观察、培养，使之具备另一条件	6
无	有	无	可以接触，长期观察、培养，使之具备另一条件	7
无	无	无	非客户，停止接触	8

应用这个法则的前提条件，就是强调推销员的主观能动性，潜在客户有时即使欠缺了某一条件（如购买能力、购买决定权或需求），仍然可以开发，只要应用适当的推销策略，便可能使其成为企业的新客户。

将上述内容规范成表 1—2—5，便于推销员全面地评估客户资格。

表 1—2—5　　客户资格评估通用表

客户名称					
地址					
所有制性质		电话		决策人	
使用者		技术负责人		采购负责人	
有关人员的个人特征（偏好与忌讳）					
需求品种规格		品牌爱好		期望价格	
使用要求		使用条件			
需求数量		购买时间		购买周期	
合法经营资质描述:					
决策程序描述:					
决策权力结构:					
信用度描述:					
资金来源及到位情况:					
待证实和解决的问题:					
评估结论：准备跟进 / 密切关注 / 留心观察 / 暂时放弃 / 其他:					

该表格结合推销活动特点加以调整后，也可作为建立客户档案的基础资料。

课堂演练

做一做

王功是 ×× 陶瓷卫浴设备制造厂的推销员，现被派到公司新设立的西北片区开拓市场。公司产品在西北地区的销路目前尚未打开，只有零星的几个老客户。由于王功做事既有冲劲又很有头脑，是公司着力培养的对象，所以这次他被销售部经理派到艰苦地区进行重点培养和考察。可是，面对陌生的工作环境，王功能做好吗？他的客户又在哪里呢？

全班同学以 3 人为一组，将自己当作王功，讨论设计如何去寻找和评估客户。

评一评

在上述任务中，王功可以采用如图 1—2—1 所示步骤去寻找和评估客户。

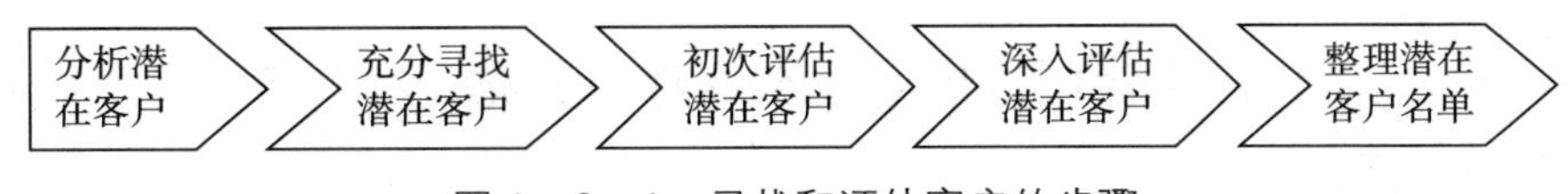

图 1—2—1　寻找和评估客户的步骤

一、分析潜在客户

一般来说，推销员在开拓市场寻找客户时，先要结合行业、自身企业产品的特点和渠道管理特征来判断目标客户的存在特征，然后再有的放矢地去寻找客户。

在陶瓷卫浴设备市场，陶瓷企业产品已从原先单一的坐商、批发代理走向行商，通过渠道资源的争夺控制终端，主动开拓区域市场，从而建立企业销售网络。陶瓷推销渠道通常有代理制、经销制、直营分公司制、大客户制等多种形式，而王功所在公司采用的是多渠道细分化销售模式。

王功经过认真分析产品、行业和渠道特征，将潜在客户做了一个大致的分类。第一类，大中间商（尤其是大型建材或家居超市）；第二类，中小经销商、独家代理商；第三类，大型组织用户，主要是一些大型在建和装修的楼盘；第四类，网店、团购网，主要是阿里巴巴、淘宝、京东商城等大型交易平台上的相关店铺及一些有影响力的团购网站。分类后，从长远的角度来考虑，再按第一类→第二类→第三类→第四类的优先顺序寻找自己所负责区域内的客户。

二、充分寻找潜在客户

分析完潜在客户后，王功重点运用了以下方法来寻找潜在客户。

1. 查阅资料

（1）名录类资料：主要查阅当地工商企业名录、建材行业报纸和杂志、家居行业报纸和杂志上相关企业的资料，另外查阅当地报纸上建筑装修招标和楼盘发售等信息寻找客户资料。

（2）网络资料：通过搜索引擎（分类搜索如搜狐、新浪、网易等门户网站，全文搜索如百度、谷歌、搜狗、360 综合搜索等）、行业网站、阿里巴巴网站等对客户的资料进行搜索查找。

2. 广告拉引

王功经过调查，选择了以下几种方式作为载体进行广告推广，借以宣传产品、招徕客户。

（1）户外广告牌：在自己的办公室外制作巨型霓虹灯广告牌“×× 陶瓷”，上面有联系电话。

（2）直邮（DM）+ 电子邮件 + 传真：大量收集建筑装修类企业、写字楼、物业管理公司、机关事业单位后勤部门资料，向他们传送公司产品的宣传广告资料。

（3）报纸分类广告：选择在西北片区各省份有影响力且发行量大的报纸，在他们的分类广告中做长期广告，内容为“×× 陶瓷卫浴设备诚招经销商、代理商，联系人 ××，联系电话 ×××××××××××”。

3. 连锁介绍

参与各种行业活动，设法接触银行的贷款员、建材厂的推销员、建筑装修行业职员、机关企事业单位后勤管理人员，努力和他们建立伙伴关系。

4. 会议寻找

密切留意西北片区内建筑装修行业、家居行业、零售行业、后勤保障行业、物业管理行业的商会或网站上的会议或活动信息，努力参与进去并推介自己的产品。

5. 普遍寻找

用网络搜索的办法获取西北片区的大型建材集市资料，在这些集市进行扫街式拜访，寻找经销商或代理商。

三、初次评估潜在客户

在搜集了大量潜在客户资料后，王功决定对这些潜在客户实施初步筛选和评估，在操作过程中，依照表 1—2—5“客户资格评估通用表”，根据“MAN”法则着重对其是否有需求、是否有购买力、是否有决策权三方面进行认真、仔细的调研分析，并根据调研情况进行评估，最后将评估结果按照优先级顺序进行“准备跟进”“密切关注”“留心观察”“暂时放弃”四项分类。

四、深入评估潜在客户

对“准备跟进”类别的客户，王功决定对他们进一步深入调查评估，由于基本上都是组织客户，他将工作重点放在以下两个方面：

1. 评估法律要件

审查客户的营业执照、行业许可证、行业资质证书、机关事业单位法人证书等，将合法正当经营的客户列入下一步调研评估名单中，将不合法经营的客户放到“暂时放弃”类别。

2. 评估信用状况

对“准备跟进”类名单，王功通过金融机构（银行）、行业组织、行业熟人、专业调查机构等多种渠道掌握其信用状况。对一些重点客户，还要进行现场考察。对那些规模大、信誉好、管理善、发展好的客户，挑选出来列入“立即跟进”类别，将信用状况不理想的客户列入“密切关注”类别。

五、整理潜在客户名单

将以上几类评估后的客户名单分类整理成册，有较高管理水平的（如公司安装有客户关系管理软件等）要及时输入系统数据库，对“立即跟进”类客户名册进行备份，为下一步的拜访工作做准备。

悟一悟

将做一做环节的演练结果与评一评内容作比较。

思路异同：____

各自利弊：____

心得体会：____

思考与练习

一、讨论思考

1. 在同时存在中间商客户和终端客户的情况下，推销员分别优先选择中间商客户或终端客户作为主要推销对象时，其工作效果各有何利弊？

2. 如果你是一名店堂推销员，你如何判断来往客户的购买力？

3. 在一群走过来的新客户中，你如何判断对方的决策权？

4. 对重点客户的现场考察评估中，你如何判断对方的经营管理现状？

二、案例分析

小A毕业后被某食品集团公司聘为销售员，主要工作是在公司市场拓展部经理领导下推销瓜子、凉果、花生等休闲小食品。

小A在校时一直成绩良好，而且极富上进心，在日记本的扉页上，他满怀信心地写下了一行字：营销经理从这里起步……以下是小A的日记摘录：

上午8点，我到了××超市，看到超市小食品货架前站着一名员工，便上前跟她打招呼，递上名片后问她是否需要进货，她似乎没听清我的话，而是很有礼貌地问候："先生，有什么可以帮到你呢？"我马上抓住时机向她推介公司的产品，她听了两句之后便打断我："先生，您找我们的经理谈好吗？"我在她的指点下找到经理办公室，不巧经理外出开会，需要几天才能回来，我只好告辞离开了这家超市……

上午9点，我来到××街，抬头见到一家食品店店主正在看报纸，便走上前问："你好，是否想进点货？"店主头也没抬就问："什么货？"我赶忙掏出样品，店主拿着样品认真地审视了一番说："这货没见过，不好卖。"于是我打开样品让他品尝，店主慢条斯理地品了几粒后很勉强地说："这样吧，你这产品我心中没底，要不我帮你代销吧！你先放10包在这如何？"气得我收起东西扭头就走……

上午10点，我来到××酒吧，经过一番周折之后，找到了酒吧经理，经理对我上下打量一番之后便很不客气地下逐客令："我们已经有了固定的进货渠道，我现在很忙，就这样吧。"

上午11点赶到了××局，好不容易找到局长办公室，我礼貌地敲门，局长办公室里坐着个和蔼的中年男子，我赶忙说明来意，局长面带微笑地让我去找工会。工会办公室的一位女士得知来意后礼貌地说："我们一般要到春节前才考虑买过节物品，主席现外出开会，要一个星期后才能回来，这样吧，你留下名片，需要时我们再跟你联系，好吗？"我留下名片后起身告辞。

问题：

1. 你觉得小A用了什么方法去寻找潜在客户？

2. 小 A 在寻找潜在客户的过程中存在哪些问题？应如何改进？

三、情境模拟

背景资料：某乡村俱乐部由著名外资企业投资兴建，依山傍水，环境优美，平均日人流量达 300 人 / 天，入会会员 2 000 多人，为多家大型企业成功承办各种商业活动、宴会达 300 多次，是国内负有盛名的高尔夫练习场之一。

任务：如果你在该俱乐部工作，公司让你在长江三角洲各大城市销售高尔夫会员卡，你该如何去寻找和评估潜在客户呢？为什么？请 2 个同学为一组，讨论设计一份方案。

课题三　制订拜访计划

某外资兽药公司在国内每个区域（一般每个区域包括几个省）聘有一名客户专员，小林就是其中一员。在小林的同学小马看来，小林的工作任务非常简单，无非就是经常去区域内的养殖场找客户“吃喝玩乐”。

小马为此经常感叹：小林的工作有什么技术含量？又能为公司做多少贡献？自己在工厂朝九晚五地干活，生活没有小林潇洒，收入也没有小林高，看来人与人就是命运不一样！

阅读案例，思考以下问题：

*为什么要拜访客户？有何目的？

*拜访客户有哪些学问？

*怎样才能提高拜访工作的效率？

一、拜访客户的目的

推销产品是以达成交易收回货款为目的的，它是一件复杂的工作，很难一蹴而就，往往要经过许多次的递进式拜访，才能逐步取得成功。好的推销员要在平时和客户建立好关系，让交易营销变成关系营销。有句经商名言“大生意要常走”说的就是这个道理。

每次拜访客户的侧重点是不同的：有时是为推销做铺垫进行市场调研，有时是推介产品，有时是正式洽谈，有时是签订合同，有时是售后服务，有时是回收货款，有时是维护关系，有时兼而有之等。拜访客户的目的具体见表 1—3—1。

表 1—3—1 拜访客户的目的

目的类型	含义	应用举例
市场调研	通过拜访客户，了解客户的真实情况和需求特征，一是建立感情基础，二是掌握充分信息为今后的推销做准备，还可以为企业的经营决策提供参考依据	推销个性化定制产品时，往往需要进行事先调研、拜访，如推销生产设备等
推介产品	拜访时展示和介绍自己的产品，着重介绍产品的特性、用途和功效，引起客户的兴趣或购买欲，视客户反响情况，有立即成交的机会就促成交易，没立即成交的机会时就留给客户思考时间，为后续拜访做铺垫	推销客户不太熟悉的新产品时，客户往往不会轻易决策，可以让客户先了解产品，过段时间再拜访，如推销保险类产品等
正式洽谈	在以前拜访的基础上，确定客户有了明确的购买意愿之后，再次拜访客户，和客户进行详细的生意洽谈，尽力解决客户的疑惑，抓住机会达成交易	推销客户要求试用的产品时，客户试用后有好感，即可正式上门洽谈，如推销生产原料类产品等
签订合同	有时由于交易条件比较复杂或交易比较重大，在和客户谈妥交易条件后，出现当时不能签约的情况，这时则需要专门再次上门签约	在一些大宗的有指标意义的交易中，签约有时要举行专门的仪式，如新找到某独家代理商等
售后服务	推销就是一种服务，为客户提供周到的服务才能赢得口碑和回头客，所以，拜访客户并给其提供良好的售后服务（如咨询、技术指导、安装、调试、培训等），其实也是为未来的推销铺路	大型设备销售后，客户在安装、使用过程中往往会遇到很多疑问，推销员要及时给予指导和培训等
回收货款	在现实交易中，结清货款往往需要推销员主动“拜访”才有可能，所以，货款回收也是推销员的一项重要工作，有时还要做好打“持久战”的准备	除非是产品供不应求，否则很难“一手交钱，一手交货”，所以绝大部分推销员都需要催款
维护关系	推销员对一些大客户、老客户进行有计划的走访，可以起到沟通需求、增进情感、抵御竞争者的效果。其实，一个推销员的价值也在相当程度上体现在其与客户的关系及其维系的客户数量和质量上	一般来说，各行各业的推销员都会对其所负责的组织客户、大客户、忠诚客户等进行走访，尤其是利用节假日进行拜访等

二、拜访客户的注意事项

1. 拜访对象

在拜访客户时，要充分考虑其成员所负的责任和所拥有的权限。在拜访过程中，要根据拜访的目的决定要拜访的主要对象。

拜访的一条基本准则就是找准关键人。不同企业的权力分配不同，就购买决定权而言，有的企业是由采购部负责，有的企业是由生产部经理负责，有的企业由专门的采购小组负责，有些规模较小的企业则由一把手负责。一般来说，以对购买行为具有决策权和重大影响的成员作为首选拜访对象。但要注意的是，在组织购买中，发起者、使用者、信息控制者、参谋者、决策者在购买过程中的不同阶段有着独特的作用，推销员应注意在不同的阶段将重点拜访对象进行合理的调整。

虽然有重点拜访对象，但是，拜访还要广交朋友，有些无决策权但能提供某些方便作用的人物，在拜访中切不可忽视和怠慢。

2. 拜访时间

如果和客户有明确的约定，就应该按照约定的时间拜访客户；如果没有约定，选择拜访时间要考虑的因素见表 1—3—2。

表 1—3—2　　拜访时间的考虑因素

因素	原则	举例	
对象职业	考虑拜访对象的上班作息时间、生活规律、职业特征、心理状况等情况	公务员	在工作日的上午 9～11 点、下午 3～5 点较好
		教师	在工作日的不上课时段较好，尤其忌午睡时段拜访
		饮食业	下午 3～4 点较好，避开节假日
		旅游业	周二到周四较好，避开节假日和旅游旺季
		零售商	下午 2～4 点较好，避开节假日和周末
		建筑业	一早或收工时较好
		制造业	在工作日的上午 9～11 点、下午 3～5 点较好
对象职位	考虑对方的工作特征和自由度	高层	一般要经过预约，并提前到达
		中层	工作时间内的中间段时间，避开周一
		基层	工作时间内的后段时间，在其工作不忙时
拜访目的	考虑达成拜访目的的成功可能性和对方的接受程度	市场调研	在市场行情变化较大时
		推介产品	在对方有需求或较有空闲时
		正式洽谈	在对方需求较明确时
		签订合同	双方意见达成一致，共同约定时间
		售后服务	客户购买产品并有服务需求时
		催收货款	客户资金周转良好时
		维护关系	特殊纪念日、节假日前

续表

<table>
<tr><th>因素</th><th>原则</th><th colspan="2">举例</th></tr>
<tr><td rowspan="6">拜访地点</td><td rowspan="6">考虑客户所在场所的时间分布规律以及接受拜访的可能性和方便性</td><td>办公室</td><td>工作时间或按约定时间拜访</td></tr>
<tr><td>客户家中</td><td>工作之余拜访</td></tr>
<tr><td>饭店</td><td>中饭、晚饭时间拜访</td></tr>
<tr><td>运动场所</td><td>一般是周末白天或晚上拜访</td></tr>
<tr><td>娱乐场所</td><td>一般是晚上拜访</td></tr>
<tr><td>车间</td><td>工作时间拜访</td></tr>
</table>

3. 拜访地点

选择拜访地点时，在有利于达成拜访目的的前提下，通常要考虑客户的方便性和受尊重性，要注意客户的心理喜好因素，尽量创造好的拜访环境，并避免不必要的干扰。一般来说，拜访地点的选择可参考表 1—3—3。

表 1—3—3　　拜访地点的选择

<table>
<tr><th>地点</th><th colspan="2">说明</th></tr>
<tr><td rowspan="2">工作场所</td><td>客户方所在地</td><td>主要适用于以推介、会谈、签约、服务、催款等为目的的拜访，推销方处于相对弱势地位，尤其适用于生产资料等产品的推销拜访</td></tr>
<tr><td>推销方所在地</td><td>主要适用于以会谈、签约等为目的的会见，推销方处于相对强势地位，尤其适用于紧俏或垄断产品的推销</td></tr>
<tr><td>居住场所</td><td colspan="2">主要适用于生活消费用品、家庭投资品的推销拜访，既方便客户，又显得亲切自然，但要注意客户是否愿意接受拜访，一般先要与客户处熟之后才能上门，忌急于求成</td></tr>
<tr><td>社交场所</td><td colspan="2">在洽谈、维护关系等拜访中，将拜访地点选在能拉近双方心理距离的社交场所（如餐厅、咖啡厅等），往往能收到较好的效果</td></tr>
</table>

三、推销拜访计划表

就像一个企业必须要有新产品开发计划、生产计划、采购计划、资金使用计划一样，每个推销员在推销前必须制订自己的推销和拜访计划。

在推销过程中，制订拜访计划对推销工作具有重要意义，合理的计划引导尤为重要，它不仅是指导推销活动的依据，是帮助推销员取得良好推销业绩的前提和基础；还是公司考核推销员工作的依据，是销售管理的一项重要内容。

推销计划可以分为年计划、月计划、周计划和日计划。一般来说，企业管理部门要求推销员汇报年计划或月计划，并对计划的制订提出指导思想和修改意见，在年计划和月计划确定好后，推销员再据以制订周拜访计划和日拜访计划。周拜访计划、日拜访计划是年计划、月计划完成的保证，所以推销员日拜访计划的制订至关重要。

在制订日拜访计划时，一般应有足够的新客户访问量，以保证业绩的开拓进取性；同时还要兼顾对一定数量老客户的回访，真正做到“结识新朋友，不忘老朋友”。另外，要注意科学安排拜访路线，以提高效率、降低成本。日拜访计划表的样式可参考表 1—3—4。

表 1—3—4　　　　××公司推销员每日拜访计划表

推销员:________　　　　　　______年______月

日期	客户类型	客户情况						拜访原因	拜访目的	时间地点	拜访结果
		客户名称	地址	受访人	职务	电话	主要特征				
	新客户										
	老客户										
拜访路线安排											

课堂演练

做一做

某工程塑料公司开发出一种有专利技术的新产品（主要用于机电行业），公司推销员李军通过多种方法收集到一批准客户资料，经过评估后，李军初步确定了40家待开拓客户作为下一步的重点推销对象。另外，为了冲业绩，李军打算利用一个月时间完成对15家老客户的拜访。为此，他需要制订一份详细的客户日拜访计划表。

假如你是李军，请制订一份客户日拜访计划表（可自行补充条件）。

评一评

在上述任务中，李军可以采用如图1—3—1所示步骤制订客户日拜访计划表。

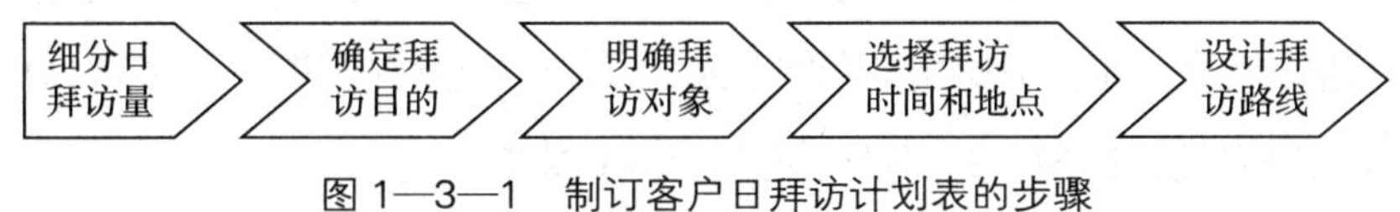

图1—3—1　制订客户日拜访计划表的步骤

一、细分日拜访量

一般来说，企业都会在一年快结束时给每位推销员下达一个下一年度推销任务指标，推销员在接到这个年度任务指标时，要结合新一年度的日程表进行任务细化，其步骤为年度指标—半年度指标—季度指标—月指标。

在每月快结束时，推销员要根据市场情况和自己的业绩状况及时对后面的月指标进行调整，并着手将下个月的指标再细化为日指标（如果是面对众多零散客户，可先细化为周指标，再在每周末制订下周的日指标）。

李军打算一个月拜访区域内的40家准客户，外加回访15家老客户。根据经验测算，新客户的推销成功率为10%左右，而成功开发一个新客户平均需要3次左右的拜访，所以这个月的总拜访次数为40（1-10%）+40×10%×3+15=63（次），按21个工作日计算（预留1日作为机动），则平均每日的拜访次数为3次。

二、确定拜访目的

李军经过调阅和分析客户数据资料，对这个月的拜访日的进行了一次认真的梳理。拜访40家准客户无疑都是以推介产品为首要目的，在推介过程中，视情况再决定进一步的行动，最理想的状况是在第一次拜访时就能拿下订单。而对 15 家老客户的拜访，由于有 1 家的货款尚未付清，在拜访中要以催款为主要目的；另外有 2 家刚刚完成第一次进货，在拜访中主要以售后服务的回访为主；其余 12 家都是公司的老客户，在拜访时以维护感情和进行市场调查为主要目的。

三、明确拜访对象

找准拜访的关键人会起到事半功倍的效果。李军结合以往的推销经验发现，对大型机电企业而言，一般不必要找总经理级别的人物，这些企业的中层经理往往就有着决定权，直接找他们是最合适的；对中型机电企业而言，关键人往往是老板、采购部经理、生产技术部经理等人，具体是谁需要进一步了解；而在小机电企业尤其是家族企业中，采购产品的决定权基本在老板手中。

在中小型企业中，生产技术经理对技术含量较高的原材料或配件的选用有着关键的影响力，但在第一次拜访中，应该先找老板（总经理）或采购经理，因为公司的采购决策者是老板（总经理），执行者是采购经理。

李军根据对 40 家准客户的调查评估，决定将其中的 35 家老板和 5 家采购经理列为第一次拜访的关键人；对于 15 家老客户，李军决定拜访 7 位老板、3 位总经理、2 位采购部经理、2 位生产技术部经理和 1 位财务经理。

四、选择拜访时间和地点

1. 40 家准客户的拜访

由于李军与主要的拜访对象不熟悉，拜访又是以推介产品为主，所以，将拜访的时间选择在工作日的上、下午，尽量避开刚开始上班的前一个小时（客户可能需要处理一些要事）和临近下班的前一个小时，拜访地点主要在办公室。

2. 15 家老客户的拜访

在拜访前要进行预约，具体安排如下：对催款的 1 家客户和售后服务的 2 家客户，拜访地点选择在客户办公场所，拜访时间为正式上班时间；对 3 家大客户，根据客户的喜好分别请客户出来吃饭、钓鱼等，时间和地点在征求客户意见后再确定；其余的 9 家，可携带一些公司的小礼品，在工作日较闲时段去办公室拜访，根据拜访情况再决定是否请客户吃饭或进行娱乐休闲活动。

五、设计拜访路线

李军将 55 家待拜访客户中需要在工作日上门拜访的 52 家分别在地图上进行了标识，然后从离自己目前地点最近的客户开始，按照“尽量顺路、尽量不走回头路、尽量路线最短”的原则，将所有 52 家客户地址在手机地图软件上进行规划连线，形成一个拜访路线规划总图。

李军决定将 40 家准客户作为重点拜访对象，因而初步计划每天原则上先拜访 1～2 家准客户，然后再视情况拜访 1 家老客户。李军将拜访路线规划总图初步细分为日拜访路线图（共 21 日），并利用手机地图导航软件寻找和确定公共交通线路。

对于另外 3 家大客户的拜访，则采用“特事特办”的方式，视预约情况确定拜访的相关事宜。

在日拜访路线执行中，李军会根据情况的变化对路线进行适时调整。

表 1—3—5 是李军的日拜访计划表。

悟一悟

将做一做环节的演练结果与评一评内容作比较。

思路异同:______________________________

各自利弊:______________________________

需要提高:______________________________

心得体会:______________________________

思考与练习

一、讨论思考

1. 推销员应如何才能尽量争取到被拜访者的好感和信任?

2. 怎样评价推销员制订的拜访计划的科学性?

表 1—3—5　　某工程塑料公司推销员日拜访计划表

推销员：李军　　　　2018 年 8 月

日期	客户类型	客户情况						拜访原因	拜访目的	时间地点	拜访结果
		客户名称	地址	受访人	职务	电话	主要特征				
16 日 周二	新客户	昌盛电机厂	A	王 × ×	采购经理	略	四川人，年轻，未婚，经济学硕士，待了解其性格爱好	采购经理新上任，有可能更换供应商	推介产品，摸清底细，初步结交	上午 10：00 办公室	
		珠江食品机械厂	B	林 ×	老板	略	本地人，重利益，喜欢看欧洲足球，对家人疼爱有加	新推出一种食品设备，对塑料原件要求高	推介产品，排解异议，力促成交	下午 2：30 办公室	
	老客户	天旺电风扇厂	C	毛 × ×	总经理	略	够朋友，讲究排场，健谈，爱喝高档红酒，喜欢唱歌	多年来采购量大且采购量稳定增长	交流沟通，了解库存，加深感情	预约共进晚餐并唱歌	
拜访路线安排		8：30 办事处（坐地铁 1 号线）→机场路（换 9 路公共汽车）→A（9：50 步行至昌盛电机厂） （13：30 坐 266 路公共汽车）→B（14：20 步行至珠江食品机械厂） （16：20 坐 126 路公共汽车）→C（17：00 步行至天旺电风扇厂）									

二、案例分析

张克和汤峻是某日化工厂的推销员。二人都具有丰富的产品知识，对客户需求的洞察力也很强，但相比之下，张克做事认真，不苟言笑，有时甚至给人刻板的感觉，而汤峻性格外向，头脑灵活，能说会道，善于交际，行动力更强。

在外拜访客户忙碌一天后，汤峻回到家里面总是洗漱完毕后倒头便睡，而张克总是要在笔记本电脑上操作个把小时再睡，也正因为这样，虽然二人同岁，但看上去张克显得有些沧桑，而汤峻总是精神抖擞、充满朝气。

上午 7 点张克便开始了一天的工作，他总会打开计算机，找出数张客户资料卡。这些资料卡上的客户都是位于某个接近的商业区内，卡片上记载着客户的姓名、职业、地址、电话号码、特征等。张克会将这些信息填入一张拜访表。接着，张克便会按照拜访表的计划出发开始工作。每拜访完一位客户后，他都会利用路上的时间填写拜访表。

今天，张克已拜访了五位客户，下一个要拜访的客户是位老朋友——某大超市老总李康，张克正准备打电话给他约定拜访时间。

而汤峻不喜欢刻板的生活，他崇尚高效率和快乐的工作模式，拜访客户时往往是看心情和体力状态，心情和体力好时多拜访几位，不佳时就少拜访几位，确定拜访对象往往是凭经验和感觉。由于汤峻精力旺盛，因而绝大多数日子的拜访量都比张克要多。

年终总结，尽管汤峻的总拜访量高过张克约 10%，但奇怪的是，他的业绩却只有张克的 80%。

问题：

1. 你认为出现这种结果的原因是什么？

2. 汤峻应如何改进工作方法？

三、情境模拟

背景资料：张杰是某汽车配件公司的推销员，公司派他去你所在的城市拜访客户，为期 7 天，原则上每个区都要拜访 1～2 家老客户和 1 家以上的准客户。

任务：请你为张杰设计一份拜访计划表（可自行补充条件）。

课题四　准备推销工具

某眼镜行的推销员在日常推销工作中取得了明显优于同行的业绩。他们的经验是：通过分析总结提炼出产品关键的营销元素，并将之整理成推销时的常用语，然后反复练习，不断改进提高，在客户选购眼镜时，从消费者现状入手，根据不同的消费心理，选择不同的说明方法。例如，购买太阳镜是为了阻挡紫外线和彰显个性，购买PC片是因为其轻巧和坚固，购买渐进片是为了便利和美观等。

阅读案例，思考以下问题：

*推销工具主要有哪些？有何作用？

*如何突出产品的特点？

*突出产品特点时可以从哪些方面入手？

一、认识推销工具

“工欲善其事，必先利其器。”一位优秀的推销人员，除了具备扎实的专业知识、锲而不舍的精神、过人的毅力之外，还应有一套完备的推销工具。

1. 推销工具的种类

（1）推销样品

如果可能，推销员应随身携带一些推销品，在推销过程中可以直接展示给客户，有助于激发客户的购买欲望。

（2）推销品模型

在推销品难以携带的情况下，推销员可以利用推销模型来替代，让客户亲自看一看、试一试，这也能起到刺激客户购买欲望、增强客户购买信心的作用。

（3）文字推介资料

推销员应携带一些文字资料，包括产品种类介绍及说明书、产品价目表、企业简介、推销员手册、研究心得等。

（4）图片推介资料

主要包括与公司或产品有关的图片、统计图表、照片、幻灯片、印刷广告等。

（5）推销证明资料

收集和准备各种有说服力的推销证明资料，可以增加产品的可靠性、说服性，有利于满足客户在心理上的购买安全感。这类资料主要有买主名单一览表、权威机构评价、报纸报道剪贴、各企业同类产品比较表、各类获奖证书、各类认证证书、名人评价等。

（6）成交资料

主要包括订购单、合同书、印鉴、支票、汇票等。

（7）身份资料

主要包括推销员的名片、介绍信、身份证、工作证、胸卡等。

（8）小工具

主要包括小礼品、地图、笔（带2支）、照相机、香烟、打火机、笔记本、手机、笔记本电脑、信用卡、现金等。

2. 推销工具的特点

（1）别致、精美，容易吸引客户的注意力，使客户产生兴趣。

（2）权威、真实，使客户产生信任感。

（3）直观、具体，使客户容易明白产品的特性、功能。

（4）准确、深入，使客户对产品印象深刻、持久。

（5）实用、灵活，提高工作效率。

3. 推销工具的作用

（1）利用视觉诉求，发挥“百闻不如一见”的效果。

（2）提高效率，节省交易时间。

（3）可使推销有条不紊地进行且不容易遗漏细节。

（4）能有效地将重要利益点阐释清楚，提升成交概率。

（5）可弥补推销技术过于呆板或不成熟的缺点。

二、认识卖点

市场上有那么多的品牌和推销员，竞争自然很激烈，而产品的同质化现象又非常严重，怎样让客户选择你呢？答案是：你的产品或服务和别人的不一样，而客户恰好认同你的观点与差异点。找准你的“差异点”，即客户“核心利益点”的过程，也就是提炼“卖点”的过程。

卖点有很多的定义，如独特的销售主张（Unique Selling Proposition，简称USP），提供给客户的利益点，最能够打动客户的诉求点等。而对推销员来说，卖点其实就是在客户需求特点和产品特点基础上提炼出的争取客户认同的产品或服务的诉求点。

三、提炼卖点

1. 提炼卖点的操作过程

（1）分析目标客户的相关需求并进行罗列整理。

（2）调查这些相关需求在目标客户购买过程中的重要性，然后进行排序。

（3）研究分析竞争对手的产品特点和诉求点。

（4）研究自身产品或服务的实际情况，分析整理出满足目标客户需求的诉求点。

（5）按照有利于争取客户认同和自身利益最大化的原则，对诉求点进行排序。

2. 提炼卖点的途径

提炼卖点的基本出发点有情感诉求、功能诉求、原料诉求、历史诉求、工艺诉求、产地诉求、技术诉求、品牌基因诉求、色彩诉求、味道诉求、感觉诉求、欲望诉求等诸多元素，部分诉求举例说明如下。

（1）从品质方面提炼

品质一般是客户购买产品最关心的要素，因此，推销员经常在产品的品质上提炼卖点，如“坚如磐石的 ×××”“国家免检产品”等。

（2）从技术方面提炼

如今，技术的卖点对客户的吸引作用越来越强。技术附加值越高的产品，越适宜强调技术的卖点，如“8 核 CPU”等。

（3）从使用方面提炼

从使用方法上将产品的特殊点凸显出来。如不少的家电、信息及网络平台产品把操作使用的简便作为一个卖点，如“一键还原”“一站式购买”等。

（4）从产地方面提炼

如果产品具有区域性、特殊性、民族性、稀缺性等先天优势，也通常被推销员拿来作为卖点，如“宁夏枸杞”“藏药”等。

（5）从服务方面提炼

以服务为载体，为客户提供便捷、舒适的消费体验，如亲情服务、24 小时服务、贴身服务、一站式服务、个性化定制等。

（6）从情感方面提炼

当产品非常同质化，很难提炼出卖点的时候，用亲情、友情、爱情作为卖点，也是很多推销员的惯用手法，如“献给父亲的 ××”等。

（7）从概念方面提炼

推销员根据产品或服务的特性或功能进行恰如其分的比喻，提炼出一个概念来推销产品，如某空调的“冷静星”“健康星”等。

（8）从文化方面提炼

推销员以传统古典文化、乡村民俗文化、西方浪漫文化等为卖点，去迎合消费者的某种需求，如“唐装”等。

（9）从用户心理定位方面提炼

以服务或者产品为载体，为目标消费者创造出一种区隔于其他消费者的身份或地位，以使他们获得某种心理与精神满足感，如“专属会员卡”“限量版”等。

（10）从历史传承方面提炼

对于一些具有悠久历史元素的品牌或产品，可以突出其经久不衰的历史传承，给消费者传递购买信心，如“Since1880”“清宫贡品”等。

课堂演练

做一做

岳锋是某职业学校家电营销专业的三年级学生，现在广东一大型电视机厂的某大型卖场销售岗位进行顶岗实习，担任助理推销员，如果在几个月的实习过程中表现突出的话，他将有机会战胜其他学校的竞争对手，在毕业后被该电视机厂销售部正式聘任。

在经过了两个星期的培训后，他就要走上助理推销员的岗位正式与客户打交道了，他既期盼又紧张，很希望自己能脱颖而出，为此，他需要做哪些准备呢？

请你帮助岳锋清点一下要做好哪些推销前的准备工作。

评一评

在上述任务中，岳锋可以采用如图 1—4—1 所示步骤进行推销前的准备工作。

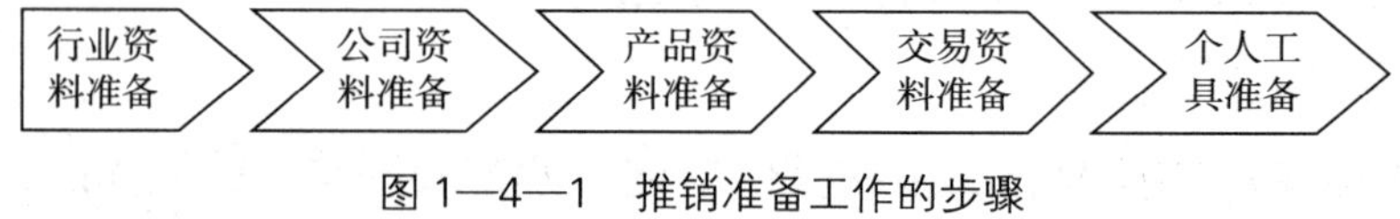

图 1—4—1　推销准备工作的步骤

一、行业资料准备

推销员要收集、掌握和准备的行业相关资料如下：

1. 行业历史、现状、主要品牌、发展趋势等信息资料。

2. 竞争性产品的有关资料，主要包括不同品牌产品的诉求重点和产品之间的竞争差异等资料。

有经验的推销员在收集竞争性产品的相关资料时，可制作如表 1—4—1 和表 1—4—2 所示的表格资料。

表 1—4—1　　主要竞争者与本品牌产品的特色比较

主要竞争者与本品牌产品比较		特色	
本品牌		优点	
		缺点	
主要竞争者	竞争者 1	优点	
		缺点	
	竞争者 2	优点	
		缺点	
	竞争者 3	优点	
		缺点	

表 1—4—2　　主要竞争者与本品牌产品的诉求重点比较

比较内容	本品牌产品	主要竞争者产品				
		竞争者 1	竞争者 2	竞争者 3	竞争者 4	竞争者 5
定价						
外观						
功能						
诉求重点						
售后服务						

二、公司资料准备

推销员要准备好公司的宣传广告册、媒介报道、获奖证书（复印件）、公司资质或认证证书（复印件）、生产销售统计图表、厂房和生产线照片、视频、公司纪念品或赠品等资料。另外，推销员有时还要准备好公司的展台、展位、办公用品、工作用具、展示工具等物品。

三、产品资料准备

推销员要准备好产品的样品、模型、产品种类介绍及说明书、产品价目表、产品照片及视频、产品印刷广告等物品；还要准备好产品的销售证明资料，如买主名单一览表、权威机构评价、报纸报道剪贴、各企业同类产品比较表、各类获奖证书及认证证书、名人评价等。

在准备产品资料时，尤其要注意熟练掌握产品知识，并仔细提炼出产品的几个核心卖点，以便针对不同客户的需求灵活应对。

岳锋对其推销的某型号电视机提炼出的核心卖点有5个：高端品牌形象、采用OLED技术、采用高质量进口屏、响应时间为2 ms、节电效果显著等。具体面对客户时，再视对方情况强调1～3个核心卖点。

四、交易资料准备

推销员要准备好订购单、提货单、合同书、印鉴、钢笔（2支）、圆珠笔（2支）、信笺、文件夹等物品。

五、个人工具准备

个人工具主要包括推销员的工作包、名片、身份证、工作证、胸卡、手机、计算器、工作服装、领带、鞋袜等。

在推销工作中，了解客户的需求特点和特殊要求是非常必要的，如果是客户预先订购产品，在洽谈中按照客户的要求进行相应准备并做好布置工作也是很重要的，如果准备工作做得不合客户心意或者因准备工作不周而导致组织管理混乱，会给客户留下很差的印象，甚至因此失去交易机会。

悟一悟

将做一做环节的演练结果与评一评内容作比较。

思路异同:______________________________

各自利弊:______________________________

需要提高:______________________________

心得体会:______________________________

思考与练习

一、讨论思考

1. 有推销员总结："百闻不如一见，百见不如一试"，你如何理解这句话？

2. 有句行话："一招鲜，吃遍天"，你如何从挖掘卖点的角度理解这句话？

3. 你能举例说明在生活中遇到的推销员是如何挖掘其产品卖点的吗？

4. 假如你是某微电子产品厂的推销员，现要去另一城市参加展销会，你会准备好哪些推销工具？

二、案例分析

天朗公司的主要业务是代理一种精密仪器，有一次，一家大集团公司的高层答应让天朗公司带样品到集团业务部门作演示，但最后生意没有做成。原因是：天朗公司仪器的开关设计得很灵敏，在去往集团的途中由于受到震动，仪器自动开机并开始耗电，到达客户那里之前又没检查，以致演示刚开始不久就没电了，最后，无论天朗公司的推销员如何解释，对方都认为这是质量问题。

吃一堑长一智，天朗公司此后便制定规章制度，做出硬性规定：新推销员第一次上门拜访客户之前，部门经理都要仔细帮他们检查一次，看看东西是否带齐并完好无误。

首先，检查个人形象和名片，名片必须是公司统一设计和印制的；随身携带的提包里至少要有彩色样本（如果样品能随身携带就一定要带）、笔记本电脑、资料夹、计算器、笔记本、圆珠笔、U盘、草稿纸等。

其次，检查推销员的资料卷夹。对于一个产品来说，样本做得再好，它上面的信息总是有限的，所以，推销员在上门拜访客户时，都应带上平时自己收集的各种资料，如报纸上对产品的报道、用户来信、最新的检测报告、大客户使用情况等资料的复印件。

再次，检查业务员包里的东西是否放得整齐有序。随身携带的东西在包里如何摆放，应该事先考虑好，做到方便和顺手。在与客户洽谈时，要能顺手找到所需资料。东西带齐了也放好了，还要保证好用，这要求推销员要养成事前对样品和工具进行认真检查的职业习惯，在给客户演示之前一定要事先检查一遍样品和工具。

最后，要求每个推销员在拜访客户时，一定要调查清楚客户的需求情况和特点，并厘清自己的推销思路和主打卖点。

问题：

1. 你认为天朗公司的制度要求是否合理？为什么？
2. 你还会对此制度做出哪些补充或修改？

三、情境模拟

背景资料：天天使用的手机或教材，你一定再熟悉不过了，根据你对它们的了解，思考如果你做它们的推销员，你会怎样去向别人推介呢？

任务：请你为你所用的手机或某本教材提炼 5 个核心卖点（可自行补充条件）。

课题五 设计个人形象

某电子元件公司新推销员小文长得一表人才，加上学历不低、口才不错，颇受经理看好。一天，小文上午完成了一张订单，高兴之余，中午吃饭时点了一大盘葱蒜炒羊肉，还喝了些白酒。下午如约去潜在客户厂家与该厂采购部罗经理洽谈，但不知什么原因，在下午的洽谈中，小文发现罗经理态度很冷淡，目光不断地左顾右盼，后来借口公司开会时间要到了便草草地结束了洽谈。

阅读案例，思考以下问题：

* 推销员树立良好形象有什么作用？
* 推销员的个人形象包括哪些方面？
* 树立推销员良好个人形象应从哪些方面入手？

“推销产品是从推销自己开始的，推销自己是从推销自己形象开始的”，推销员的个人形象是一个人综合素质的体现，也是进行推销工作的第一块敲门砖，推销员能否给客户留下良好的第一印象是能否和客户进一步接洽的重要因素。在上述案例中，由于推销员浓烈的“口气”引起了客户的极端不适乃至反感，不但丢掉了可能的订单，还严重影响了个人和公司的形象。所以，要成为一位优秀的推销员，就要懂得“形象是无形资产”的道理，从点滴做起，树立和维护好自己良好的职业形象。

推销员的形象主要包括仪表、服饰、言行三个方面。仪表具体来说首先应该是一种精神状态，其次才是仪容；服饰主要是指穿着打扮；言行主要是指言谈举止中体现的修养和技巧。

一、推销员仪表要求

1. 精神状态

（1）充满活力

想让自己有卓越的形象，要培养以下五项特质：建立能做事、会做事、敢做事的能力形象；待人诚实，给人信赖、安全的感觉；善于沟通，表达清楚，使人感到亲切、温和；用做事的干劲、对人的热忱而积极地引人注意；与人相处过程中，能凸显自信、爽直、愉悦的明朗个性。

（2）良好习惯

优秀的推销员应养成以下良好习惯：订立目标，做事有计划，重信守诺，坚持锻炼身体，勤于学习阅读，每天和客户沟通，不吝赞美和微笑，反思提高。

示例：

著名的保险推销员班·费德文多年来一直这样工作着：每日从早上 8 点开始工作 12 个小时甚至 16 个小时，然后阅读 2 小时，每天如此。

日本的推销之神原一平，每天清晨 5 点起床，接着走一万步，然后用餐、看报、访问客户。每天，他的生活和工作都按照固定的时间表进行。原一平的妻子曾说："他之所以有优异的成绩，主要是他本人尽了最大的努力。譬如，半夜三更他还在镜子前照着自己的脸，研究自己的笑容以及钻研面相学。在他的车里一定备放三套衬衫和长裤，然后规定自己在上班时间内拜访 15 位客户，不管到晚上几点都要完成任务。内心里燃烧的那团火促使他养成了严格的工作习惯，也把他推向了成功……"

（3）服务意识

应乐于为客户服务，把客户提出的要求放在心上并想方设法完成，而且态度要坦率、诚恳。对于态度不明朗的挑剔型客户，要心怀诚意、锲而不舍地努力，表现出足够的耐心和良好的服务精神。

2. 仪容

（1）男推销员

发型要求整齐、稳重、精神，不能留长发，也不能留怪异的发型和染色；面部要求整洁干净，注意清洗干净眼部、耳朵、鼻子，适时修剪鼻毛，坚持天天刮干净胡子，以给人阳光、精神、有活力的感觉，注意牙齿上不能有异物并保持口气清新，如有口腔炎症要及时医治，避免食用葱、蒜等气味过于刺鼻的食物；指甲要修剪整齐，不留长指甲。

（2）女推销员

最规范的发型是盘发，束发、披肩发也可以，注意头发不要遮住额头和眼睛，要梳理整齐、干净；面部应化淡妆，口红以浅色调为宜，忌浓妆艳抹、标新立异；指甲要修剪整齐，尽量不留长指甲，如果涂抹指甲油也最好是无色。

二、推销员服饰要求

1. 服饰“TPO”原则

一般来说，推销员的服饰选择要遵循“TPO”原则，即应力求使自己的着装及其具体款式与着装的时间、地点、场合协调一致。“T”即时间（Time），是指穿戴服饰应考虑时代性、四季性、早晚性；“O”即场合（Occasion），是指选择服饰应考虑活动场所的整体气氛；“P”即地点（Place），是指服饰选择要适合所处的空间环境，尽量做到在种类、质地、款式、花色等方面与所处地点相协调。

示例：

某推销员穿着一身帅气的西装去一机械车间推销刀具，他从车间经过时就特别引人注目，因为车间所有员工都是穿着工作服，当他进入车间主任办公室后，车间主任很客气地一边招待他一边忙不迭地解释自己办公室简陋。

谈话没有持续太长时间就结束了，车间主任送完他后跟同事说：“这个推销员应该去总经理办公室谈生意，我跟他就不是一路人。”

2. 着装标准

在衣着样式的选择上，总的原则是：既不能过分华丽，又要体现潇洒大方。推销员的着装标准应该是：

（1）应保持服装、鞋帽的整洁干净。

（2）应该身穿西服或轻便西装。

（3）衣着式样和颜色应尽量保持大方稳重，不能太过花哨。

（4）不要佩戴一些代表个人身份或宗教信仰的标记。

（5）最好不要穿流行服装，不要佩戴太多饰品。

（6）尽量不戴太阳镜或变色镜，只有让客户看见推销员的眼睛，才能使他们相信推销员的言行。

（7）可以佩戴代表公司的徽标或穿上某一种与产品形象相符的服装。

（8）尽可能不要脱去外套，以免削弱推销员的可信度。

三、推销员言行要求

1. 语言

（1）在问候和寒暄的时候态度要真诚，表情要自然，语言要和气、亲切。

（2）注意声音的大小，一方面要让客户能够听清自己要表达的意思，另一方面要使自己显得充满激情与自信，易于接近。

（3）谈话时，语调、节奏、音量应恰如其分，语气不要单调，要善于用多个音阶来体现声音的抑扬顿挫。例如，在表示有疑问的时候，可以稍微提高句尾的声音；在强调的时候，声音的起伏变大；在表现强烈感情时，语调逐渐降低或提高。

（4）清晰地发出每一个音节，尽量少用或不用鼻音说话，表达的意思要层次分明，语言的组织要得当，并辅以相应的神情、姿态和适度的手势，这样客户才会感觉你的表达生动模式，从而被打动。

（5）说话前应周密考虑话题所涉及的内容和背景、对方的特点以及时间、场景等因素。

（6）交谈的话题和方式尽量合乎双方的特点，如性格、心理、年龄、身份、知识面、习惯等，并注意在已经开展的话题中挖掘、发现新的话题，使交谈始终在一种愉快的气氛中进行。

（7）善于运用目光接触这种最传神的非语言交流手段，把要表达又不能说明的意思通过目光传达给对方。

2. 行为

（1）初次与客户见面，要树立诚实可靠的形象，忌皮笑肉不笑、点头哈腰、夸夸其谈。

（2）站立时要挺胸、收腹、抬头，眼睛平视，嘴微闭，面带笑容。

（3）行走时双肩平稳，上体微前倾，目光平视，下颌微收，面带微笑，步幅要适当。

（4）入座时应从椅子的侧面进入座位，上体正直，轻盈、优雅地坐下。

（5）坐稳后，身体重心向下，腰挺直，上身正直，女士注意双膝并拢。

（6）在交谈过程中，身体应适当向交谈者倾斜，两眼注视谈话对象，同时兼顾两侧的其他人员。

（7）手机一般放在公文包里或上衣口袋内，尽量不要使用手机在公共场所通话，手机待机应调为静音或振动模式，保持手机通畅。

（8）回答客户关切的问题时，不宜太快，更不能信口开河，要给客户一种经过思考后再答复的印象。

课堂演练

做一做

依照客户的不同，以相应的合适言行和穿着树立个人形象，这可以说是一种心理战术。如果你是推销员，要去拜访的情景如下：

1. 走家串户去推销家庭日用品。
2. 向大学生推销研究生入学考试的培训资料。
3. 向建筑工地上的小承包商推销建筑材料。
4. 推销成套设备，客户是公司部门经理。

为了取得较好的推销效果，你该怎样注意个人形象呢？

评一评

1. 推销员走家串户推销家庭日用品，接触的大多为家庭主妇或退休老人，服装应该简朴大方，款式一般是夹克加休闲裤，不能太高档但也不能过于破旧，称呼应入乡随俗，言行应体现阳光、热情、有亲和力，让人有安全感和信任感。

2. 向大学生推销研究生入学考试的培训资料，推销员的服装宜体现出活力，款式一般是文化衫加牛仔裤或运动装等，应注意头发和面部的修饰、清理，让客户觉得自己有修养，言行应励志，体现出拼搏精神。

3. 向建筑工地上的小承包商推销建筑材料，推销员宜穿工作服，体现“风尘仆仆”，说话宜爽朗自信，言行可适当地“接地气”，随身携带样品，注意强调产品能给客户带来的利益。

4. 推销成套设备，客户是公司部门经理，推销员的穿着和言行要迎合客户口味，还要特别注意礼节，并充分显示自己的实力。

悟一悟

将做一做环节的演练结果与评一评内容作比较。

思路异同：______

各自利弊：______

需要提高：______

心得体会：______

思考与练习

一、讨论思考

1. 有推销员总结：“个人形象是软实力”，你如何理解这句话？

2. 有推销员总结说：“拜访陌生客户的前三十秒决定了你是否能成功的一大半”，你如何从树立个人形象的角度理解这句话？

二、分析讨论

行为学家迈克尔·阿盖尔曾做过实验，他本人以不同的装扮出现在同一地点，结果却完全不同：当他穿着西装以绅士模样与陌生人搭话时，大多得到礼貌回应；而当他以邋遢的形象与陌生人搭话时，则大多遭到拒绝。

这个实验说明，只有给交往对象留下良好的第一印象，才能赢得好感和尊重。而进一步的研究发现，在第一印象的构成比重中，视觉占55%，听觉占38%，其他（如触觉、嗅觉等）只占7%。

问题：

1. 你有过以上所述的经历吗？你如何认识上述情况？

2. 推销员要不要讲究外在的职业形象呢？请说说你的理由。

三、情境模拟

背景资料：小李是一位中小学教学管理软件的华南（或华中、华北、东北、西北、西南等）区推销员，每天的主要职责是向区域内的中小学校推销教学软件。

任务：假如你是小李，请设计自己的个人形象并在课堂上展示。

模块二　推销接近

推销员确定推销对象后，要尽量做到“知己知彼，百战不殆”，利用各种资料与方法分析客户的情况，准备接触客户。推销接近是指推销员为了同目标客户进行推销洽谈，而对其进行初步的接触或访问，是正式开展推销面谈的前奏，是整个推销过程的一个重要环节。推销接近一般包括事先约见客户、正式接近客户和分析拜访记录三个环节。

学习目标：

1. 能选择合理形式确定约见客户的内容
2. 能运用电话有效约见目标客户
3. 掌握拜访过程中与客户交往的常用礼节
4. 能运用相关方法有效接近客户
5. 掌握统计分析拜访记录的技能

课题一　事先约见客户

在下班路上，小刘碰巧遇见客户大林，忽然想起大林最近装修了房子，为了加强与客户的联系，便提出要去大林家看看他新房子的装修样式。大林不好推辞，便装作很热情地答应了。

小刘跟着大林到了他家门前，还未进门就听见大林的家人在屋内争吵，还不时传来摔东西的声音。

可想而知，小刘想利用看装修的机会拜访客户的计划算是泡汤了。

阅读案例，思考以下问题：

＊如何全面认识事先约见客户的意义？

＊事先约见客户有哪些常见的方式？各有何利弊？

＊事先约见客户要注意哪些问题？

一、事先约见客户的意义

1. 有助于接近客户

尊重客户、不打搅客户的正常工作，是推销的基本礼仪。在拜访前与客户事先约定时间和地点，是树立自身形象、探求客户意向、解除客户戒心、避免或少吃“闭门羹”的重要一环，是获得当面推销机会的开端。

在实际约见工作中，若客户借口推托或婉言拒见，推销员则应说明情况，取得客户的好感，争取推销的机会，也可约定改日再见；若客户答应留出时间会见推销员，这既可以节省推销员的时间，又使客户本人免受推销员突然来访的干扰，有利于营造融洽的推销气氛。

2. 有助于开展面谈

事先约见客户，征得客户的同意，可以使推销员初步赢得客户的信任和支持，让客户做好充分的思想准备和物质准备，既可以真正帮助客户解决问题，又可以使客户感到推销员的确是在为其服务。事先约见客户，让客户积极参与推销洽谈，可以形成双向沟通，有助于双方的相互了解，提高准客户购买决策的认可程度。

3. 有助于预测应变

根据约见时对方的反应，可以对准客户的个性、爱好、需求特征等进行了解，对推销洽谈及客户提出的异议做出接近实际的估计等，可以帮助推销员有效地预测未来推销活动中可能发生的各种情况，并据此来制订相应的推销方案，消除异议，促成交易。例如，客户约定下班后单独会见，可能说明对方有某个特殊的目的；客户约定下班后在家中商谈，可能说明客户需要与家庭成员商议后才能作购买决策；客户语气客气，很有耐性，可能说明对方对产品有兴趣等。

4. 有助于提高效率

根据客户的需求特征、个性、会见时间、会见地点等，制订一个节奏合理的推销拜访计划，就可以充分利用好每一个推销机会，大大提高推销工作的效率。若推销员不事先约见客户，访问的成功率便会下降，这会打乱拜访计划，错过推销机会。

总之，事先约见是推销员与客户初步建立沟通的桥梁，是设计和调整拜访计划的依据，是前一阶段的推销准备与后一阶段推销面谈的衔接，是提高工作效率的重要一环。

二、事先约见客户的方式

推销员常用的事先约见客户的方式见表 2—1—1。

三、事先约见客户的内容

1. 确定约见对象

（1）应尽量设法直接约见购买决策者。

（2）应尊重接待人员或助理人员，为了能顺利地约见目标客户，必须取得他们的支持与合作。

表 2—1—1　　常用事先约见客户的方式

方式	含义	特点	注意事项
电约	推销员利用现代化通信手段与客户约见	1. 迅速、方便、经济、快捷，使客户免受突然来访的干扰，也使推销员免受奔波之苦 2. 容易引起客户的猜忌、怀疑，所以推销员必须熟悉电话约见的原则，掌握电话约见的正确方法和技巧 3. 应用普及，一些即时网络通信工具如 QQ、微信等也可归类于电话约见方式	1. 错误：请问您现在有空吗？ 正确：我想占用您三分钟时间。 2. 错误：您收到资料了吗？ 正确：相信您已经收到了资料。 3. 错误：您看过资料了吗？ 正确：恐怕您还没有详细地看过资料。 4. 错误：您觉得怎样？ 正确：您不觉得对自己有帮助吗？ 5. 错误：我能直接访问您吗？ 正确：星期 × 下午 × 点您在吗？ 6. 错误：那什么时候访问好呢？ 正确：明天或者后天这个时候可以吗？ 7. 错误：什么时候都行，那我什么时候去呢？ 正确：星期 × 的 × 点可以见面吗？ 8. 错误：只是拜访您一下就可以。 正确：我会提供您关于 ×× 方面的信息。 9. 错误：您先听我说可以吗？ 正确：我想向您提供关于 ×× 方面的信息。
函约	推销员利用信函约见客户	1. 方式较多，有个人信件、单位公函、会议通知、请帖、便条、电子邮件等 2. 正式、严谨，容许客户有充分的时间考虑是否接受约见 3. 简便、快捷、易于掌握、费用低廉，可免受层层人为阻碍，畅通无阻地联系目标客户	1. 措辞要委婉恳切 2. 内容要简单明了，只要把约见的时间、地点、事由写清即可 3. 传递的信息要投其所好，以客户的利益为主线劝说或建议其接受约见请求 4. 要通过电话适时跟进追踪

续表

方式	含义	特点	注意事项
函约		4. 可将广告、商品目录、广告小册子等一起寄上，方便客户了解相关信息 5. 有一定的局限，如：时间较长，不适于快速约见；许多客户对信函不感兴趣，甚至不去拆阅，浪费推销员时间等	
面约	推销员与客户当面约定再见面的时间、地点、方式等	1. 有利于发展双方关系，加深双方感情 2. 有助于推销员进一步做好拜访准备 3. 比较可靠，有时约见内容比较复杂，非面约说不清楚 4. 可以防止泄露信息，切实保守商业机密 5. 简便易行 6. 有一定的地理局限性，效率不高，容易引起误会	1. 约见的主要任务是引起对方的兴趣与注意，使客户认识到购买的重要性，为随后的正式洽谈铺平道路 2. 在与无决策权的助理人员等接洽时，可以一面强调与真正的购买决策者面谈的必要性，一面只对自己的来意作大概的陈述，而将重要的问题保留，待与决策者见面时再作详述 3. 对借故推托不让推销员见到客户本人的秘书或下属，可微带告诫地提醒对方事关重大，以达到拜访客户的目的
托约	推销员拜托第三者代为约见	1. 可借第三者与推销对象的特殊关系，取得目标客户的信任与合作 2. 有利于进一步的推销接近与洽谈 3. 受托人不容易找，而且环节较多	1. 受托人最好是与访问对象关系密切的人员或对其有较大影响的人士 2. 要注意真正摸清受托人与推销对象的关系 3. 宜以情动人，忌以势压人
媒约（利用媒体约见）	利用大众传媒把约见目的、内容、要求、时间、地点等广而告之，届时再与客户见面	1. 可以把约见的目的、对象、内容、要求、时间、地点等准确地告诉广告受众 2. 在约见对象不具体、不明确或者约见客户太多的情况下，采用这一方式来广泛地约见客户比较有效 3. 约见对象多、覆盖面大，节省推销时间，提高约见效率 4. 针对性较差、费用较高却未必能引起目标客户的注意	1. 要有好的立意和创意，能吸引客户 2. 内容真实，不能夸大其词、欺骗客户 3. 要简单明了，方便客户联系

2. 确定约见事由

为了使客户易于接受，推销员应仔细考虑每次约见的理由。根据销售实践，下列几种约见理由和目的可供参考：

（1）认识新朋友。

（2）市场调查。

（3）正式推销。

（4）提供服务。

（5）联络感情。

（6）签订合同。

（7）收取货款。

（8）慕名求见、当面请教、礼仪拜访、代传口信等。

3. 确定约见时间

（1）尽量为客户着想，最好由客户来确定时间。

（2）应根据客户的特点确定见面时间。注意客户的生活作息时间与上下班规律，避免在客户最繁忙的时间约见客户。

（3）应视推销产品与服务的特点确定约见与洽谈的时间，以能展示产品及服务优势的时间为宜。

（4）约定的时间应考虑交通、地点、路线、天气、安全等因素。

（5）应讲究信用，守时。

4. 确定约见地点

（1）应尊重和照顾客户的要求。

（2）根据约见目的和客户要求灵活地选择办公室、居住地、公共场所、公共娱乐场所等作为约见地点。

课堂演练

做一做

任红是某 CRM（客户关系管理）顾问公司的推销员，通过前台接线员的转接，与大成公司张经理有过一次电话交流但尚未正式见过面，张经理也初步了解了任红公司产品的大致情况及价格，并表现出一定的兴趣，但后来由于有重要客户上门拜访而中断了电话。于是，任红决定在近期正式约见张经理，目的是演示产品并适机进行合作洽谈。

全班同学以 3 人为一组，先讨论设计如何去约见张经理；然后，一人扮演任红、一人扮演张经理、一人扮演前台接线员进行约见过程的情境模拟。

评一评

在上述任务中，任红可以采用如图 2—1—1 所示步骤，完成约见客户的工作。

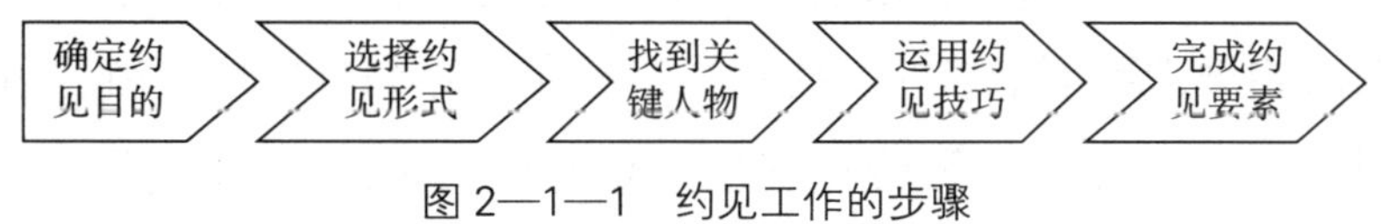

图 2—1—1 约见工作的步骤

一、确定约见目的

推销员在约见客户前，先要清楚客户的需求特征以及自己和客户之间的关系，并确定与客户见面的主要目的。

任红已经跟张经理有过初步接触，张经理也表示出对产品有一定的兴趣，任红可以趁热打铁约见张经理，进行产品展示和正式推销。

二、选择约见形式

由于与张经理有过电话接触，此时没有必要再选用函约、媒约或托约等约见形式，也不适宜采用面约形式，原因一是相互之间还不认识，二是费时费力，三是此次约见的目的是正式推销，应该让对方做好准备，而面约会让对方一下子进入无准备的交流状态，不利于推销成功。综上所述，任红适宜采用电约的方式约见张经理。

三、找到关键人物

由于 CRM 软件系统的采用是个大事，采购与否一般都是由高层做出决策。

张经理所在公司是中小型企业，任红只有说服张经理才有可能推销成功，因此在电话约见时，必须直接找到张经理才行。

在电话约见张经理的过程中，得通过前台接线员的“盘问”后才能“放行”，由于有前次与张经理通话的记录，因此在与前台接线员通话的过程中，可以先客气地与其简单寒暄，然后说明张经理对自己产品的兴趣以及直接对话的重要性和紧迫性，一般就能通过接线员找到张经理。如果张经理不在办公室，就应该向前台索取张经理的手机号码等联系方式。

四、运用约见技巧

跟张经理对话时，可恰当运用电话约见技巧，促成约见。

策略方面，应对上次和张经理交谈的情况进行分析，设计一个有效的约见理由，同时考虑如果遭到拒绝该如何应对。在做了策略谋划之后，就要运用相应的电话约见技巧，首先要防范张经理产生厌烦心理，及时化解其抵触情绪；其次要营造愉快的氛围，由于电话中的决策时间很短，在客户决定是否答应约见时，感性因素起很大作用，因此，电话约见时要注意把控客户的感性决策因素。此外，在提问时，也要精心设计，一是注意考虑客户的利益，体现出自己为客户利益着想的“思想境界”；二是适当提些开放性问题，引导客户进入自己的“话语境地”，如：“您对我们公司产品的看法是如何的呢？”；三是让客户很容易做出有利于自己的回答，例如，如果问客户：“您有空吗？”，客户通常会回答：“没空”，但如果问：“您什么时候有空？”或“您是今天下午方便还是明天上午方便？”客户就可能给出一个具体的约见时间。

五、完成约见要素

在张经理同意见面洽谈后，一定要注意是否和对方约定好了如下要素：见面时间、见面地点、见面人物、见面主要目的、相互要做好的准备工作、相互之间的联系方式以及其他重要事宜等。

当然，作为推销员，更要注意在约见结束后认真细致地做好下一步见面洽谈的准备工作。

悟一悟

将做一做环节的演练结果与评一评内容作比较。

思路异同：________________

各自利弊：________________

需要提高：________________

心得体会：________________

思考与练习

一、讨论思考

1. 推销员上门推销时，在哪些情况下要事先约见客户？
2. 推销员事先约见客户时，一般要讲清楚哪几个方面的问题？
3. 常用的约见方法有哪些？
4. 如何提高约见拥有决策权客户的成功率？

二、案例分析

1. 案例一

推销员：王女士，您好。我是 ×× 公司的推销员李清。我听说了您的情况，想问问您现在手部皮肤过敏好一些了吗？

客户：没有多大的改变，你知道，这种病是很难痊愈的。

推销员：那您的正常生活是不是也受到影响了呢？

客户：是的。我不能使用洗手液洗手，也不能用洗发液洗头，手一碰到洗涤剂就疼痛难忍并且掉皮。

推销员：真是痛苦！不过您不要着急，我这里有一些不会对您的手造成伤害的新型专利清洗用品。您可以抽个时间看一下。您看是这个星期二还是星期四拜访您合适呢？

客户：你星期四下午 3 点到我家来吧。

推销员：那好，王女士，我星期四下午3点准时到您家拜访。

客户：没问题。

推销员：好，我们星期四见。

问题：

你如何评价李清的约见技巧？

2. 案例二

尊敬的丁忠总经理：

最近一期《××日报》报道了中国大陆地区汽车企业销售排名（2018年8月10日，星期五，第三版），该报道表明大鹏公司是中国大陆最成功、发展最快的汽车企业之一。对销售环境的精准分析、对推销员的精心培训是我公司提供的销售培训课程的主要内容，也正是大鹏公司取得瞩目业绩的关键所在。如果您想雇用新的推销员来满足您日益增长的市场需求，这将是我们合作的最好理由。

我将很荣幸与您约定一个会面时间来证明我的课程会帮助您的新推销员在工作中少走弯路，使他们更快更好地创造销售业绩。当市场发展很快时，您也需要进步同样快的推销员。没有人愿意把时间花在训练新的人员上，在您这个行业，一般新推销员完成第一笔交易的平均时间超过四个星期，而我公司能够教会他们在不到两周的时间内就达成交易并使您的销售额增加10%。

我将在9月6日（周四）上午10点整打电话来安排一个双方方便的时间见面，我很乐意为您和您的推销员队伍服务，盼望着我们早日见面。

祝财源茂盛！

××销售顾问公司销售经理　林展飞

2018年8月16日

问题：

1. 你如何评价该信函的约见技巧？

2. 运用信函约见时，要注意哪些问题？

三、情境模拟

背景资料：某公司推销员黄勤想推销龙眼和荔枝到其他省市的水果批发公司。

任务：请你为黄勤撰写一封推销约见信函（可自行补充条件）。

课题二 典型约见技巧——电话约见

“您好，陈先生，我是大发公司销售部的张明，大发公司已经成立5年多了，和家美公司合作也已经很多年了，不知道您是否曾经听说过我们公司？”

“您好，陈先生，我是大发公司销售部的张名，我们是提供专业自动控制芯片的高科技企业，请问您现在在用哪家公司的产品？”

“您好，陈先生，我是大发公司销售部的张鸣，前几天我有寄一些资料给您，不知道您收到没有？”

“您好，陈先生，我是大发公司销售部的张铭，我们是提供专业自动控制芯片设计和制造的公司，不晓得您明天是否有空，我想上门拜访一下您好吗？”

“您好，陈先生，我是大发公司销售部的张民，相信您已经收到了我前几天寄给您的资料，我公司新推出的系列专利自动控制芯片本月10日已经通过国家权威鉴定，质量和功能都比市场上同类产品有较大的改进，而售价也只是与同类产品持平。因而，我想尽早引荐给贵公司试用，明天上午还是后天上午去您公司好呢？”

以上是一个销售部的五个推销员用电话约见客户的案例，阅读案例，思考以下问题：

* 在用电话约见客户时有哪些工作步骤？
* 电话约见客户时如何有效找到关键决策人？
* 电话约见客户有哪些注意事项？

一、电话约见客户的准备工作

电话约见的过程非常短暂，推销员只有做好充分准备才能抓住难得的机会取得成功。电话约见客户的准备工作包括以下几方面。

1. 明确打电话的目的

一定要想清楚自己打电话给客户的目的，然后将这个目的明确下来，再进入下一步。

2. 确定打电话的目标

明确目的之后，就要确定打完电话后要达到的目标。目标要和目的相关联，并作为检验目的的重要依据。

3. 设计提问的问题

为了达到目标需要得到哪些信息、提问哪些问题，这些在打电话之前必须要明确。电话约见一开始就是为了获得更多的信息和了解客户的需求，如果不提出问题，显然是无法得到客户的信息和需求的。所以在电话约见前，应设计好需要提问的问题并将问题写在纸上。

4. 设想和准备应答问题

推销员打电话给客户时，客户也会提问一些问题，所以要事先推测客户可能提问的问题，然后准备好如何回答。对答如流有利于客户建立信任关系。

5. 设想和准备意外情况的应对

每次打电话都可能有不同的情况出现，如电话无法接通、电话接通后找不到相关负责人等。为了提高打电话的效率，推销员一定要预先估计在电话约见中随时可能会出现的意外情况，并针对不同情况准备相应的应对措施。

6. 准备所需资料

如果给客户的某些回应需要查阅资料，千万不能让客户在电话那边等的时间太长，所以资料一定要放在手边，以便需要查阅时立刻就能取出，而且手边所准备的资料应尽可能全面。

把客户可能会问到或经常问到的问题做成一个工作辅助表，客户问到这些问题时，可以快速地查阅回答。还有一个所需资料就是相关人员的联系电话表，尤其是同事的联系电话表，如果客户问的问题你不是很清楚，可以请同事帮忙给客户解答，形成三方通话。

7. 设计约见内容

安排约见时，应尽量避免给对方压力，尽量营造良好的氛围让客户接受自己。要提前设计约见内容，包括约见地点、时间安排、人员安排、路线安排、交通安排、后勤安排、议程安排等，在客户不愿主导约见安排时适时提出来，让对方觉得你办事可靠和周到。

8. 调整情绪

电话接通后，态度一定要积极、热忱、自信，表情要放松且面带微笑。

可以将以上准备工作整理成一张表格，以便在电话约见时能有条不紊地进行。

二、突破前台人员找到决策者的技巧

推销员电话约见的对象往往是企业或部门的负责人，而在开拓新客户时，电话的第一接听者往往是秘书或前台人员，他们总是在推销员和决策者之间构筑起一道坚固的“防火墙”，以帮助决策者免受无谓的干扰。推销员必须第一时间成功逾越秘书或前台人员这道“防火墙”。

从事秘书或前台工作的人员，通常具备很强的判断能力，能够辨别每个电话的重要性。他们经常使用“你是谁”“你是哪里的”“有什么事”这三个问题来过滤接到的电话，一旦判断出某个电话无关紧要，特别是推销电话，他们就会立即“过滤”掉。

那么究竟什么样的电话才不会被“过滤”掉呢？答案是重要人物的电话、重要事情的电话和重大利益的电话。推销员务必使自己打出去的每一个电话都有很高的质量，至少要让对方公司的秘书或前台人员听起来对自己公司很重要，这就需要一定的技巧，具体如下。

1. 克服内心障碍

推销员在打电话时要表现得镇定自信，要控制局面，提到自己的名字和公司名称时要清晰、坚定，在还没有找到决策人时不详细谈产品。

2. 直接称呼重要人物的名字

在做准备工作的时候就要找到重要人物的名字，在打电话时直接称呼出来。例如，“你好，麻烦帮我转李云总经理（公司总经理）。”

3. 找一个恰当的身份，给接待人员一个理由

例如说出你与决策人是生意伙伴、朋友、同学、老乡等关系。

4. 多查找几个该公司的电话，多途径解决问题

不同的人接电话会有不同的反应和处理方式，如能查找到公司后勤、技术或人事等部门的电话，或通过前台转接到这些部门，再通过这些部门的工作人员拿到决策者的电话，这样可以增加成功的机会。

5. 重要事宜

推销员事前将普通事宜和重要事宜分解清楚，在和前台工作人员沟通时，推销员提出的重要事宜如果只有决策者才能处理，前台工作人员就必须转接。例如，“你好，我是南方人才网的张兵，贵公司在我们这里登记了招聘员工的信息，我想问一下贵公司的法人是谁？我们要核对相关资信情况。”

6. 以重要人物作“敲门砖”

对于重要资源公司会格外珍惜，如大客户、重要合作伙伴等，如果能与这些重要角色建立联系，并由他们引见，那前台工作人员或秘书一般就不会阻挠。例如，“你好，我是运通公司的林冰，××公司的王经理要我联系严经理……”

7. 合作机会

推销员在推销自己的产品时，也要注意经常收集一些行业供应链上的产品信息，如果能为客户提供经营上的合作机会，那么推销员和决策者进行通话就会水到渠成。例如，“……××公司一次进货50套，不公开招标，你们的最低价是多少？”

8. 重复法

很多前台工作人员在“过滤”电话时其实态度也不是很坚决，如果推销员有足够耐心，前台工作人员有时会动摇而将电话转给决策者。

9. 赞美法

每个人都有受尊重的心理需求。在和别人打交道时，如果能表现得彬彬有礼，就能给对方留下好的印象，也就容易为自己打开方便之门。如果推销员在和秘书或前台人员打交道时，花时间与他们沟通，细心地观察他们的优点，然后真诚地赞美他们，那么成功的机会就会大大增加。

三、电话约见客户的技巧

1. 让自己处于最佳状态

身体坐直并调匀呼吸，然后面带微笑地说话，把你的愉悦、友善传递给对方，让客户感觉到你的亲和力。在心情愉悦、精神状态佳时打电话，推销员会表现得有活力、有创造力和有感染力，效果也会更好。

2. 音量与速度要适中、自然和协调

“酒逢知己千杯少，话不投机半句多”，每个人都愿意与自己类同的人交往。在谈话之初，应采取适中、自然的音量与速度，等辨出对方的特质后，再调整自己的音量和语速与之相协调，让客户觉得彼此是类同的人，就更容易收获较好的沟通效果。

3. 识别客户性格类型，增进彼此互动

从客户的语音、语调、语速、用词、笑声中，可以简单判别客户的性格特征及类型。推销员应该特别留心听客户的话语，而不应自顾自地夸夸其谈，只有双方多互动，才能进行有效沟通，从而获得客户的认同。

4. 陌生约见电话要开门见山地表明不会占用客户太多时间

一开始就表明需要占用客户的具体时间，如“我需要耽误您两分钟”。如果推销员表现得亲切、友好，客户通常都会愿意继续通话。

5. 开场白吸引人

好的开场白通常具有友好尊重、富有悬念、可带来利益、激发对方参与兴趣等特征，它可以让客户愿意和推销员多聊一聊，因此除了“耽误两分钟”之外，接下来的开场白也十分重要。应多设计一些令对方有兴趣的开放式问句，让对方愿意与你交流。

6. 给予“二选一”的问题及机会

推销员在提出约见的请求时，不问“能不能”的问题，而直接在“能”的基础上提出“二选一”的问题，引导对方做出有利于约见的选择，如“是早上还是下午拜访您比较方便呢？”“星期三还是星期四见面合适呢？”等问句，都是“二选一”的方式。

7. 善用暂停与保留技巧

当推销员给出“二选一”问题的时候，此时可以使用暂停的技巧。例如，当

推销员问客户："您希望星期三上午还是星期四上午见面？"说完就稍微暂停一下，让对方回答，让对方有受到尊重的感觉。

在推销员不方便或不愿在电话中说明或者碰到难以回答的问题时，可采用保留的方式。如当对方要求在电话中说明详细价格时，推销员就可以告诉对方："我们公司的产品一直坚持不比同类产品价高的策略，具体我当面计算给您听，这样比较清楚"，如此将问题保留到下一次对话中，也是电话约见时的技巧。

8. 适当使用开放式问句

有经验的推销员会适当地问一些客户有兴趣回答的开放性问题，这样可以让谈话得以延续，更重要的是可以更多、更深入地了解客户的想法。如："我很想请教一下您是怎样看待这个问题的。"

9. 顺着客户话题走

客户说了一句和自己思路不一致的话，不能与其争辩，最好的方式是先顺着客户的话题走，然后再过渡到自己的话题。例如，当客户说："我有很多信用卡"时，不妨就顺着他的话说："我就是知道您有很多信用卡，才打这通电话。"

10. 时刻牢记以客户为中心

为了让客户答应和你见面，在电话中应强调"由您自己做决定""全由您自己判定"等语句，可以充分表现出推销员对客户的尊重，进而提高约见概率。

11. 强调产品的功能或独特性

"我们这个产品很先进，当面演示给您看，您就能充分了解……"，在谈话中，推销员应多强调产品的独特性卖点，再加上"上门只需要打扰您半个小时""一切由您自己做决定"等语句，往往会促使客户做出答应约见的决定。

12. 随时准备好笔和记录表格

在打电话时，要保持重要信息随时记录的习惯，如约见时间、地点、人物、交通等信息，在双方确定下来时要一边口头重复一边记录在案，记录完毕后还要核实，让对方觉得推销员办事非常稳妥。因此，在打电话前，一定要准备好笔和相应的记录表格，以免遗漏信息而误事。

13. 不比客户先挂断电话

在将要结束电话的时候，一定要等客户挂断之后再轻轻挂断电话，否则会让客户觉得推销员很没礼貌，影响以后的往来。

课堂演练

做一做

于洋是某行业网站的推销员，其工作内容主要是打电话给中小型企业，让他们到该行业网站上销售产品，同时缴纳一定的会员费。于洋每天搜索一些企业信息，通过企业前台联系到高层，介绍自己和推广产品，当对方有兴趣时再约面谈。

这项工作每天面对众多陌生的人，无疑要有良好的心理素质和工作技巧，当然，如果约见并洽谈成功的话，奖金提成也是很可观的。

以 2 个同学为一组，分别扮演于洋和某公司高层，设计电话约见的情景剧，然后再上讲台进行情境表演。

评一评

在上述任务中，于洋可以采用如图 2—2—1 所示步骤，进行电话约见客户。

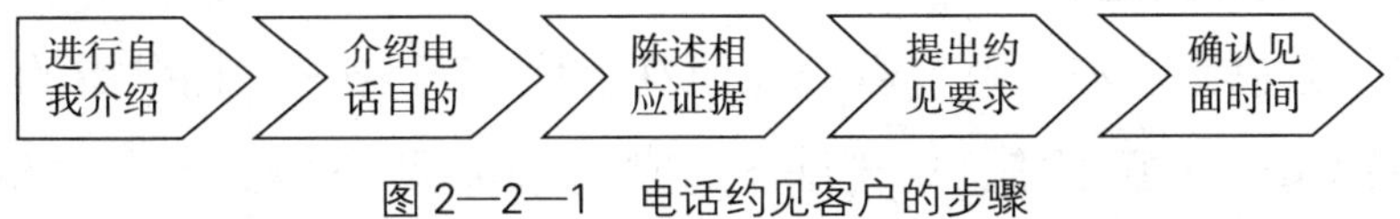

图 2—2—1 电话约见客户的步骤

一、进行自我介绍

当电话接通后，一定要在开场白中热情地问候并自我介绍。自我介绍非常重要，这是电话约见开场白当中的第一个因素。如果有中间介绍人时，电话接通后，首先告诉对方中间介绍人是谁，这样，对方就会放心地继续交谈。

在介绍自己公司时，一般要求说出全称；在介绍部门时，自己的部门和职务一定要说清楚，这是一种礼貌，可以方便别人称呼你；再有，表达要流利清晰、自信友善。

于洋可以这样介绍自己："张总，您好！我是 ×× 网的推广专员于洋，是省信息中心的周主任介绍我认识您的……”

二、介绍电话目的

接下来要介绍打电话的目的。介绍打电话的目的时有一点很重要，就是要对客户有吸引力。怎样才会对客户有吸引力呢？就是要突出客户的利益所在。一般来说，吸引对方注意力通常有如下方法。

1. 直接说出客户最关心的问题

例如，“我了解到贵公司车间的用电量每月超过 10 万元。我致电的目的是想让您知道我们生产的节能车床能使贵公司生产车间的用电费用减少 30%……”

2. 问出客户关心的问题

例如，“从贵公司发布的报表来看，贵公司管理费用平均每月高达 20 万元，在这种情况下，您是否有降低这方面费用的打算？”

3. 由衷地赞扬

由衷赞美客户更容易赢得客户好感，这是被无数推销员反复实践验证过的道理。例如，“刘总，您好！我们的客户都提到您在电子行业里影响力很大，这说明您的管理方法很值得我们学习，而我们公司本身也在研究各种可以帮助客户做好管理工作的方法，所以，我是特意向您请教和学习的！”

4. 指出严重性问题

例如，“王总，您好！目前贵公司所在的陶瓷行业正面临严重的‘用工荒’问题，许多陶瓷企业正面临订单无法按时完成的问题，如果您是其中的一位，我建议您能了解一下我们最近推出的自动化生产设备……”

5. 引入竞争

例如，“王总，您好！和贵公司一同成长的日旺公司已启用了我公司的 ERP 软件，其整体成本下降了 5 个百分点，而生产效率却提高了 3 个百分点。我相信您对这套 ERP 软件也会同样关注……”

6. 羊群效应

例如，“王总，您好！最近，广东陶瓷行业有超过 30% 的公司都采购了我们最新推出的自动化生产设备，据调查公司统计，平均生产效率提高了 15% 左右，想必我们的产品同样可以帮到您……”

7. 权威效应

例如，“海尔、格力公司的空调都采用了我们公司生产的3代系列温控器……”

8. 陈述独特性

例如，“上月国家质量监督机构对温控器的检查结果已经公布，我们公司生产的3代系列温控器是唯一全部指标达到优秀等级的产品……”

9. 抛砖引玉

例如，“最近我在中央电视台看到了您担任高端对话栏目的嘉宾……”

10. 引发共鸣

例如，“很多人都认为电子商务会给传统营销方式带来许多冲击，不知您如何看（假如知道客户也持这个观点的话）……”

于洋在介绍自己打电话目的的时候，可以借鉴上述方法吸引客户注意力，例如：“张总，周主任说您是行业内少有的儒商，对新技术的发展与应用很敏锐，您一定对低成本、高产出的网络营销方式有研究，我给您打电话的目的就是想向您推介一个行业协会正着力打造的行业网络平台……”

三、陈述相应证据

介绍完打电话的目的之后，也就是已经告诉了客户自己能给其带来何种利益，但怎样才能让这种利益被客户相信呢？接下来就要简单地陈述相应的证据。

于洋在介绍完自己打电话的目的后，可以这样陈述相应证据：“我们这个行业平台网站列入了省十三五规划的子项目，批准文号是××××××，成立三个多月来就已经拥有一万多家会员单位……”

四、提出约见要求

陈述相应的证据之后，就可以提出约见要求。

于洋在陈述相应证据后，可以这样提出约见要求：“您应该想了解一下我们这个平台是怎样帮助行业内众多企业宣传和推广自己产品的吧！我可以给您带些资料过去解释一下……”

五、确认见面时间

提出约见要求后，不宜专门征求对方是否同意约见，而宜直接用“二选一”的方法确定约见时间。

于洋可以这样与客户确认约见时间：“我保证最多占用您半小时的时间。您看明天合适还是后天合适呢？”

悟一悟

将做一做环节的演练结果与评一评内容作比较。

思路异同：____

各自利弊：____

需要提高：____

心得体会：____

思考与练习

一、讨论思考

1. 电话约见的准备工作通常包括哪些内容？
2. 电话约见的开场白一般要注意哪些问题？
3. 电话约见过程中，推销员要注意哪些技巧？
4. 推销员可以通过哪些方法突破前台人员进而找到决策者呢？

二、案例分析

推销员甲：陈总，是天海公司的王总建议我和您联系的，最近我在您公司网站上注意到明年您的工作重点是在销售成功率提高方面，而我们过去一年曾帮助天海公司在销售成功率方面提高了 20%，如果我们同样也可以帮您做到的话，不知您是否有时间可以见面谈谈。我保证最多只占用您 15 分钟的时间。您看呢？

推销员乙：陈总，我这边是朴石公司，我们是一家致力于推销员业绩成长的专业服务机构，在过去我们通过有效的训练帮助几十家公司的销售团队业绩提高了 20% 左右。去年，天海公司的销售业绩遇到了停滞不前的问题，经过合作，我们已经成功地帮助他们解决了这个问题。您想知道是怎么解决的吗?

问题:

1. 你认为这两位推销员的电话约见技巧合格吗? 为什么?

2. 如果你觉得上述推销员的电话约见技巧不合格，你会如何改进?

三、情境模拟

背景资料: 你是一位办公自动化一体机的推销员，现正准备向某中学推销该产品。

任务: 请你先设计电话约见用语 (可自行补充条件)，然后上讲台示范。

课题三　注重拜会礼节

推销员小贺在某大酒店门口恭候未曾谋面的重要目标客户叶经理共进晚餐。当客户的轿车驶来时，小贺从车的前挡风玻璃中看到司机是一个很干练的小伙子，副驾驶位置坐着一位非常富态且气度非凡的男士，后排坐着其貌不扬的另两位男士，于是断定坐在副驾驶位置上的那位男士是叶经理，便一步上前，为前排副驾驶位乘客打开车门，并很热情地向他问候和握手，此时从后排自行下车的一位男士满脸不悦，其他人也均显得局促不安，后来小贺得知此人才是真正的叶经理。

阅读案例，思考以下问题：

* 推销员为什么要注重拜会礼节？
* 拜会客户的礼节主要包括哪些方面？
* 拜会礼节有哪些常见技巧？

与客户初次见面时，推销员必须非常注意礼节。客户可以通过观察推销员的行为规范等细节表现来分析和推断推销员的素质、人品和能力，甚至还可以通过这些细节解读推销员所在公司的企业文化和管理水平，并据此做出是否购买产品的判断。

一、见面礼节

1. 在正规场合、与身份高的人或不太熟悉的客户交往时要运用敬语，如“请”“您”“贵姓”“久仰”“久违”“请教”“包涵”“打扰”“拜托”“高见”等。

2. 与不太熟悉的客户交往时要保持适当的空间距离和心理距离，如果太快进入客户的“空间地盘”或“心灵地盘”，会引发对方的戒备和反感。

3. 见到客户需称呼对方，尽量称呼客户的姓名和头衔。

4. 选择客户感兴趣的话题交谈，但不要触及对方的年龄、收入、个人物品价值、婚姻状况、宗教信仰等问题。

5. 主动、热情地问候客户，问候多人时顺序可以由“尊”而“卑”依次进行，也可以由“近”及“远”依次进行。

6. 拜访客户时要提早 10 分钟左右到达。到达客户所在地时，一定要用手轻轻敲门，经允许再进屋，等客户安排后再坐下。不能随意四处“窥探”。告辞时要同客户和其他在场人员一一告别，说“再见”“谢谢”等告别语。

7. 向客户作自我介绍时要先递名片再介绍，要简单明了地按场合需要进行介绍。递名片时要起身站立，主动走向对方，面含微笑，上体前倾，以双手或右手持握名片，举至胸前，并将名片正面面对对方，同时说“请多指教”等礼节性用语。

8. 接受名片时要起身站立相迎，面含微笑，双手接过名片，先向对方致谢，然后将其从头至尾默读一遍，遇有显示对方职务、头衔的不妨轻读出声，最后将其置于名片夹、公文包、办公桌或上衣口袋内。

9. 向客户介绍业务时注意要在客户想知道或感兴趣的时候再介绍，不能强迫客户接受介绍，以免破坏对方心情。

10. 握手时懂得“尊者居前”出手常识，拜访客户时要等客户先出手，告别客户时应自己先出手。握手时一般不用左手，与异性握手时不能双手去握。

二、接送礼节

1. 对前来考察、洽谈业务的外国、外地客户，应掌握对方到达的时间和地点，事前筹备好住宿，安排与客户身份、职务相当的人员提前到达迎接地点。

2. 客户如果乘坐汽车到达，应迅速走向汽车，微笑着为客户打开车门，向客户表示欢迎。在打开车门时，应注意：如果是出租车或有专职司机，开门时应先开后排右侧，再开后排左侧，最后开前排车门；如果司机是客户本人，帮开门时应先开前排车门，再开后排右侧，最后开后排左侧；但若有女士在列，则应先为女士开门。

3. 陪客户坐车时，应为客户打开车门，请客户先上车，也要注意相应座次礼仪。

4. 将客户送到住地后，不要立即离去，应陪客户稍作停留，热忱交谈，考虑到客户旅途劳累，也不宜久留，应让客户早些休息，分别时将后续行程安排告知客人。

5. 陪客户行进考察：客户不认识路时，在客户左前方 1～1.5 米处引导，身体侧向客户；客户认识路时，客户在前，自己在后。

6. 进出门的顺序：客户熟悉环境时，礼让客户先进、先坐、先起、先出门；客户不熟悉环境时，自己先开门并按住门再请客户进，礼让客户先坐、先起、先出门。

7. 进出电梯的顺序：无人驾驶电梯，自己先进后出并控制电梯开关；有人驾驶电梯，客户先进、先出。

8. 行走楼梯时，客户在前在里，自己在后在外；但遇到女士客户穿短裙装时，男士推销员应在前。

9. 当客户走入会客厅，推销员应请客户在上座就座，看到客户坐下后自己再坐下。

10. 在客户提出道别时，要目送对方离去并挥手再见。

三、宴请礼节

1. 座次安排：离门最远、面对门的位置是主位，主位右边位为上座，主位左边位次之，依次类推。主客应交叉入座，方便交谈。

2. 推销员应提前对客户发出口头或书面邀请，并依照客户的习惯、特点安排好宴请时间、地点等事宜。

3. 在宴会开始前，推销员应该站立门前笑迎客户。

4. 点菜时应征询和照顾客户的习惯、禁忌和喜好。

5. 对客户方每一位来宾，要依次招呼，对宾客一视同仁；在餐桌上要照顾客户，尤其要照顾好两侧的主宾和女宾。

6. 上菜后，要先向客户表达欢迎，然后请客户“起筷”。

7. 祝酒碰杯时，杯子高度应尽量比对方略低，并目视对方致意。

8. 使用筷子“九忌”：忌私筷——夹菜时，要使用公筷；忌举筷——不能举着筷子指指点点地和别人说话；忌满筷——每次夹菜应适量；忌吮筷——不要用嘴巴和舌头去吮吸和舔食筷子上的附着物；忌迷筷——不要举着筷子在菜碟间来回游移寻找；忌翻筷——不能用筷子翻拨和搅拌盘子里的菜；忌泪筷——应用碟或碗接住筷子上滴下的菜汁；忌重筷——不要反复不停地夹菜；忌敲筷——敲筷子是对客户的不尊重。

9. 餐桌上不能谈悲戚之事，否则会破坏欢愉的气氛。

10. 进餐的速度和时间，事先应有所征询和规划，以不影响客户工作和休息为原则。

11. 买单时尽量离席办妥。

12. 席散后，应恭送客户离去，如有纪念品应于此时送给客户。

四、会议礼节

1. 出席正式会议要穿正装，男士穿深色西服，女士穿中长裙和长裤均可。

2. 提前 10 分钟左右抵达会场，按照会场的指定座位或区域向左右邻座致意后落座。

3. 进出会场或上下电梯时遇到同行者要遵循女士和长者优先的原则。

4. 将手机调到振动状态或关闭手机。

5. 正式会议开始以后，应认真听会，避免出现低头睡觉、频繁进出会场等不礼貌行为。

6. 会议中不与左右人员交头接耳，不在会场走廊大声喧哗，不在客户面前大声接听电话。

7. 会议发言时忌长篇大论（原则上以 3 分钟为限），忌沉默到底，忌信口开河，忌华而不实，忌人身攻击，忌打断别人的发言，忌不加解释中途离席。

课堂演练

做一做

天洋公司是一家生产化工用胶的中型企业，云海公司是一家生产化工设备的厂家。

选两位同学分别扮演天洋公司销售经理林乐天和助理，另两位同学分别扮演云海公司采购经理李云祥和助理。

李云祥带领助理第一次拜访天洋公司，以便论证是否将天洋公司列入战略合作供应商队伍行列。

情景演练任务：

1. 天洋公司林经理亲自迎接，双方初次见面，互相介绍。
2. 林经理招呼李云祥一行在办公室落座、上茶。
3. 林经理引导李云祥一行在厂区参观。
4. 一同坐七座或五座汽车去酒店进餐。
5. 天洋公司主管销售的副总经理出席宴会，在席间落座并敬酒。
6. 宴请结束，李云祥欲回公司，林经理送别。

评一评

一、迎接

技能点拨

■ 对等迎接：对重要客户，安排身份、职务相当的人员前去迎接。

■ 提前恭候：了解对方到达的车次、航班，提前到达车站或机场，恭候客户的到来。

■ 三米微笑：在与客户约三米处时，看着其眼睛，微笑着打招呼。

■ 三笑合一：眉开眼笑、嘴笑（嘴角上翘，露八齿）、真心笑。

■ 友好握手：站立对正，凝视对方，面带微笑，上身稍前倾，女士、尊者、主方先伸手，认真一握。

■ 递送名片：站立对正，上身前倾，双手捏住名片前端，字朝客户，齐胸送出并表达谦语，递送顺序由尊而卑。

■ 接收名片：面向对方，双手接住名片下端，认真拜读，表示感谢，郑重珍存，有来有往。

■ 介绍他人：站在中间，将年轻者、男士、客户方、下级等介绍给长者、女士、主方、上级。

■ 合理安排：视客户行程安排及意愿等合理安排行程（休息、就餐、考察等）。

二、落座、上茶

技能点拨

■ 座次排序：按座次礼仪安排客户在相应位置就座。

■ 尊客入座：请客户先坐，自己再入坐。

■ 助理上茶：先客后主，保证茶具清洁、茶水适量，双手倒茶和递送。

■ 热情交谈：热情、周到地问候、寒暄后再谈正题。

三、引导参观

技能点拨

■ 厂区道路：引路者位于客户左前方两步位置，让客户居中，转身照顾，热情介绍，适当手势，提供服务。

■ 走廊楼梯：客户在里，引导者在外，将安全位置留给客户。

■ 进入车间：引导者先入并把住门，再引导客户进入。

■ 进入电梯：引导者先入并控制开关，再引导客户进入。

四、坐车去酒店进餐

技能点拨

■ 经理驾驶：请李云祥及助理从右侧车门先上车坐 1、2 号座位，主方助理和随从人员再从车后绕到左侧上车。

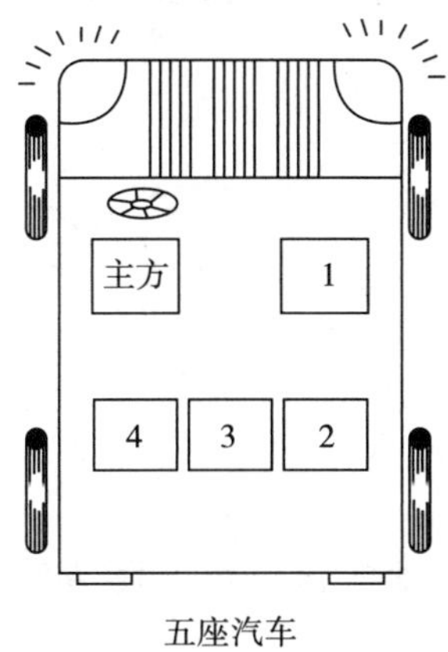

五座汽车

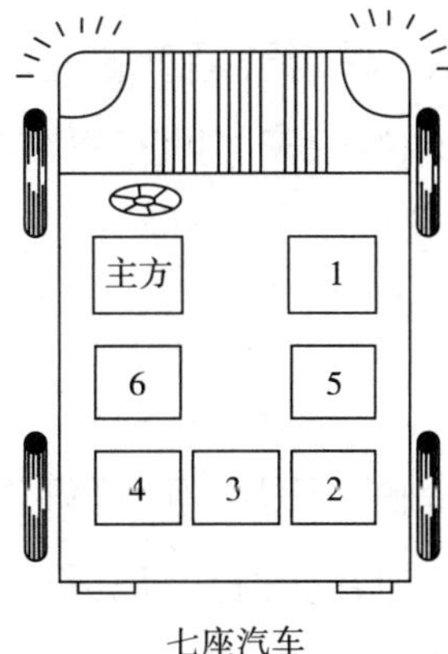

七座汽车

■ 司机驾驶：请李云祥及助理从右侧车门先上车坐 1、3 号座位，林乐天和助理坐 2、4 号座位，其他随从人员坐其余座位。

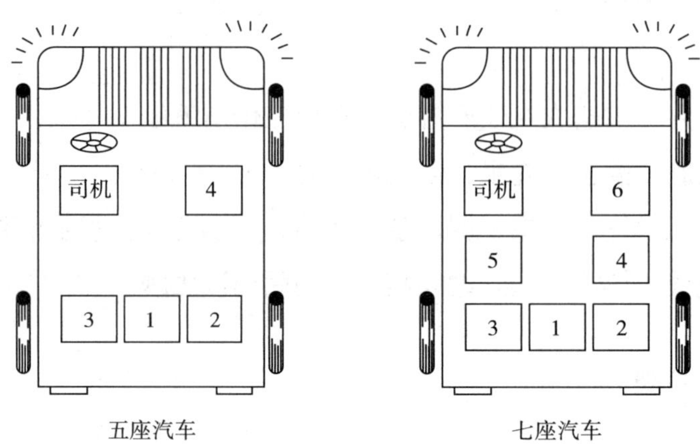

五座汽车　　七座汽车

■ 下车顺序：主方助理和随从人员先下车，并协助客户开启车门。

五、出席宴会

技能点拨

■ 介绍：销售经理林乐天将李云祥介绍给公司副总经理。

■ 落座：副总经理坐主位，李云祥和助理（或林乐天）分坐副总经理右边、左边，其余人以客为尊交叉入座。

■ 斟茶：用餐前后应斟茶水，茶倒七分满。

■ 点菜：请客户点菜，如客户谦让，则主方点菜。点菜应突出特色，照顾客户的习惯和喜好。

■ 敬酒：副总经理致辞并先敬李云祥，然后林乐天敬李云祥，待李云祥回敬后，助理互敬。注意要酒满敬人，替客倒酒。

■ 买单：由林乐天或助理离席完成。

六、送别

技能点拨

■ 离席：副总经理示意后再离席。

■ 把门：主方助理打开房间门并把住，提醒客户带好随身物品，待客户全部离开后再离开。

■ 道别：逐一握手，副总经理表示招待不周，预祝合作成功并欢迎再来，同时送出纪念品。

■ 送别：林乐天和助理送客户到车站、码头、机场等地，帮客户拿随身携带物品，目视客户离开视线后再返回。

悟一悟

将做一做环节的演练结果与评一评内容作比较。

礼仪规范:______________________________

大方得体:______________________________

需要提高:______________________________

心得体会:______________________________

思考与练习

一、讨论思考

1. 有人说“人的感觉是很值钱的一种东西”，你如何从拜会礼节的角度理解这句话?

2. 派发和接受名片要注意哪些礼节?

二、案例分析

在一次业务拜访过程中，五金厂推销员小黄与某目标客户厂采购部及技术部人员都有了接触并交换了名片，在接下来的宴请饭局上，小黄很热情地请技术部钟经理在饭桌靠近门口的位置坐下，并在第一时间端着满满一杯酒去敬他，但由于当天结识的人太多而误将对方称呼为李经理。钟经理表示自己不会喝酒，生性潇洒的小黄一只手搂着钟经理的肩膀，一边豪放地大声说：“是男人就喝，我先干为敬！”钟经理满脸通红，只好喝了一杯。酒过三巡后，小黄又大声地问：“谁要饭？”见没人应声，他又特别照顾地用手指着钟经理问：“李经理，你要不要饭？”钟经理愤愤地大应一声：“我不要饭！”然后便招呼服务员买单并结账后扬长而去。

问题：

小黄是看不起钟经理吗？他的做法有哪些地方不妥当呢？

三、分析讨论

请你判断某推销员的以下做法是否妥当，并陈述理由。

1. 和客户一起吃饭，用自己的筷子夹菜给客户。______________________。

2. 与公司经理、主管（男）、司机（男）及小李（新上班的女士）请客户及助理吃饭，安排小李坐末席。______________________________________。

3. 去拜访一个客户（老板），一见面就主动伸出手来握手。____________。

4. 陪客户进电梯，电梯中无人，礼让客户先进。______________________。

5. 送客户到汽车站，帮助客户买好票后即握手告别返回公司。__________。

6. 拜访客户时派发名片，未派发给坐在角落干活的文员。_____________。

7. 公司经理也出席的酒宴上，率先举杯敬各位经销商并表示感谢。_______。

8. 在酒宴上，高举酒杯与客户碰杯后一饮而尽。______________________。

9. 携司机请客户吃饭，将客户经理恭敬地安排在副驾驶位上。__________。

课题四　正式接近客户

小周和小廖是同班同学，均热爱羽毛球运动，毕业后便一同应聘到广州一家羽毛球用品公司做推销员，两人工作都很努力。

广州的羽毛球爱好者很多，每天晚上羽毛球爱好者俱乐部里都有活动，小周和小廖更是俱乐部的常客。小周的羽毛球水平不如小廖，但奇怪的是，小周在打球时总能跟那些高手们一起玩，而小廖却没有这个本事。而高手们往往也是羽毛球用品的主要消费者，他们不但自己用得多，而且许多“菜鸟”级选手都会委托他们去挑选羽毛球用品。

几个月后，两个人的业绩就逐渐拉开了差距，许多客户来订货时都是直接找小周，而对小廖却视而不见。

阅读案例，思考以下问题：

*接近客户有哪些原则?

*接近客户有哪些方式?

*在接近客户时，要注意哪些问题?

一、接近客户的原则

接近客户是推销过程的一个重要步骤，也是一个很有技巧的工作。推销员要懂得接近客户的一些基本原则。

1. 三米原则

人和人之间总会保留一定的距离，每个人对陌生人的靠近都会有一种本能的戒备心理。推销员与客户打交道时，要懂得把握距离的尺度，避免随意侵入别人的空间。如果身体靠得太近，往往会使对方感觉不舒服，在心中筑起防御城墙，把你排斥在外。正因为如此，与客户保持合适的空间距离是接近客户中最基本的原则。要想取得好的推销效果，在距离客户还有约三米远的时候，推销员就应该和客户打招呼、微笑并进行目光接触，来表示你的友好，在初次交往时不要随意突破 1.2～3.7 米这个社交距离。

2. 尊重原则

在接近客户时，一定要表现出推销员的良好素养，处处体现出客户为尊的原则，通常要注意做好以下几方面：

（1）仪容仪表整洁大方，精神饱满，举止文明。

（2）见面使用敬语，如“您”“贵公司”“先生”等。

（3）注意交往礼仪，不轻视、怠慢任何在现场的人。

（4）未经允许，不随便翻动和偷看别人的公私用品。

3. 时机原则

对上门推销来说，推销员要在约定的时间到达，等客户比较空闲时接近。如果客户正在和其他人洽谈工作，一般应示意后再在外面等待。而对店堂推销来说，由于客户处于陌生环境，推销员应该先让客户自由地挑选产品，并用眼睛余光观察客户，一旦发现时机，再自然地接近客户。

店堂推销中接近客户的较好时机通常为：

（1）当客户与推销员的眼神接触时（自然地招呼客户，询问是否需要帮助）。

（2）当客户表现出在寻找某件商品时（主动询问是否需要帮助）。

（3）当客户看着某件商品表现出有兴趣时。

（4）当客户突然停下脚步时。

（5）当客户仔细地打量或触摸某件商品时（表示有需求、欲购买）。

（6）当客户找商品品牌、标签和价格等时（表示已对产品产生兴趣，想知道品牌、价格、产品成分）。

（7）当客户看着商品又四处张望时（表示欲寻求推销员的帮助）。

（8）当客户主动提问时（表示客户需要帮助或介绍）。

（9）当客户再次走进柜台时（货比三家之后）。

二、接近客户的方法

推销员常用接近客户的方法见表 2—4—1。

表 2—4—1　　常用接近客户的方法

方法	定义	举例
提问法	当客户走近时，抓住客户的视线、心理和兴趣，以简单的提问方式打开话局	“您好，有什么可以帮到您吗？” “这件衣服很适合您，要不要试穿一下？” “您以前了解过我们的产品吗？这是我们公司最新的产品……”
介绍法	推销员看到客户对某件产品有兴趣时直接上前介绍产品	“这是今年最流行的款式……” “这款空调是我们公司最新的产品，最近卖得不错……” “张总，这是我公司的专利产品，它的特点是……”
赞美法	通过对客户的外表、气质、内涵、用品、人品、知识技能等进行赞美以接近客户	“您的包很特别，是在哪里买的呢？” “哇，好漂亮的小妹妹，和妈妈长得一模一样。” “王经理，久闻您豪爽守信的大名……”
示范法	通过展示产品的功效，并结合一定的语言介绍来吸引客户了解产品、认识产品	在超市通道上，小胡看到有人经过，便拿起一块抹布，在一块油乎乎的砧板上一抹，砧板就非常干净了……
求教法	通过请教某些问题来接近客户	“先生，请教一下，怎样接对方的旋转球呢？” “王经理，您公司的 LOGO 很好看，有何含义呢？”
同圈法	利用参加某些人际圈或爱好圈活动而自然接近的方法	某推销员专门做大客户的生意，得知某知名大学 EMBA 开班，他也不惜花费高昂学费入读，很快就与许多公司高层成了同学……
好奇法	利用客户的好奇心理，通过展示一些有悬念或新奇的事物来接近对方	在街头，每当有人走过，小李便将玩具小猫使劲往地上一砸，在摔成饼状后，玩具小猫又“顽强”地立了起来……
利益法	迎合客户的求利心态，抓住购买产品能获得相应利益这一关键问题，突出推销重点和产品优势，达到接近客户的目的	“本厂出品的各类账册、簿记比其他厂家生产同类产品便宜三成，量大还可优惠。” “机会难得，原价 150 元的衣服只卖 30 元。”
帮忙法	抓住机会，通过帮助客户做些事情或解决某些问题而进行接近	某推销员到达一办公楼门口，看到一辆小汽车的轮胎扁了，几个人正在手忙脚乱地换备用胎，但又都不得要领，推销员马上上前熟练地帮忙，换完轮胎后一聊，刚好其中一位就是推销员要找的经理……
馈赠法	利用赠送礼品的方法来接近客户，以引起客户的注意和兴趣	“我是 ×× 银行信用卡部的小王，这次来给您送上一份纪念品……”

三、接近客户的注意事项

无论采取何种方式接近客户，推销员必须注意以下几点。

1. 察言观色

关注客户的表情和反应。在提问时要谨慎，切忌涉及个人隐私。

2. 尊重客户的差异性

客户是千差万别的，推销员应学会适应客户。在实际接近客户时，推销员可以使用“角色扮演法”，即根据不同的客户来改变自己的语言风格、服装仪表、情绪和心理状态等。

3. 做好被拒绝的心理准备

在推销中，被拒绝是很正常的状况。推销员要多理解客户，坦然面对困难，善于调整自己，常抱乐观和感恩心态，正常发挥自己的能力和水平。

4. 学会减轻客户的压力

多年的推销实践表明，当推销员接近客户时，客户一般会产生购买压力，具体表现为：冷漠或拒绝、故意岔开话题、有意或无意地干扰和破坏推销洽谈等。根据实践可采用以下几种方法解决：情景虚构法（虚构一个推销对象，让客户感觉推销员不是向自己而是向他人推销）、非推销减压法（表明只是提供产品信息、向客户提供帮助等）、征求意见法（告诉客户访问的目的是听取意见而非推销）、直接减压法（明确告诉客户买不买没关系）、利益减压法（让客户相信这次洽谈是完全值得的，把其注意力转移到其自身利益上来）等。

5. 善于控制接近时间，不失时机地顺利转入正式洽谈

要快速取得客户认可，应注意做好以下几点：

（1）树立自己良好的第一印象，注重礼仪、礼节。

（2）敏锐发现客户爱好并与其聊感兴趣的话题。

（3）解读客户肢体语言，关注客户情绪变化，洞察客户心理活动，及时转入正式洽谈。

课堂演练

做一做

王健是某家庭用豆浆机厂的终端推销员，做终端推销，每天必须接近尽量多的准客户，业绩才可能有保障。

以 2 个同学为一组，分别扮演王健和准客户，设计接近客户的情景剧，然后上讲台进行情境表演。

评一评

在上述任务中，王健可以采用如图 2—4—1 所示步骤去接近客户。

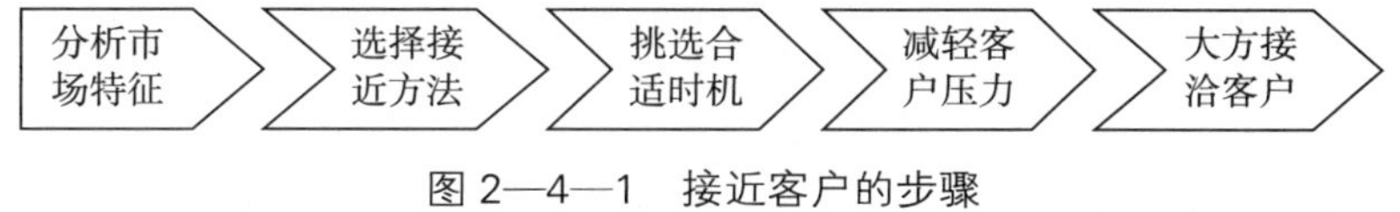

图 2—4—1　接近客户的步骤

一、分析市场特征

消费品市场和工业用品市场有不同的特征，终端市场和渠道市场也不一样，旺销市场和滞销市场更是不同，所以，要结合自身所处的市场特征采用相应的方法接近客户。

家庭用小型豆浆机的市场特征是竞争性强、直接面对最终家庭消费者、消费者分布广泛、消费金额中等、客户无须太复杂的购买决策等。因此，比较适合在一些集市或超市中进行店堂推销。

二、选择接近方法

客户是千差万别的，不同客户的性格、素养、爱好、学识和需求等都不相同，很难运用一种模式令所有客户都满意，所以，在接近客户的时候，要根据时间、地点、人物、场合的不同而采用不同的接近方法。

王健的客户大多是家庭消费者，作购买决定的大多数是家庭主妇，要想高效地接近她们，利用示范法（示范操作）、利益法（如促销广告）等“拉式”推销方法会有较好的效果。

三、挑选合适时机

接近客户时要注意礼节并要讲究时机。

对于王健而言，应抓住客户驻足或与客户有眼神接触的时机进行接近客户。

四、减轻客户压力

在接近客户时，客户会承受一定的心理压力，主要包括：戒备、不买可能会被纠缠、被骗等，所以，有经验的推销员会通过某些方式来打消客户的疑虑，减轻他们的压力。

王健通过直接减压法进行处理，他一边熟练地做着磨豆浆的示范操作，一边通过无线麦克风大声吆喝：“走过路过看一看，方便实惠的豆浆机，不买没关系。”

五、大方接洽客户

与客户接近时，推销员应该主动、大方、热情，不要太在意别人的态度和拒绝，而要学会让自己的心灵变得强大，要克服自己的心理障碍。

王健不管客户态度如何，只要经过摊位的人，他都会热情大方地和对方打招呼，以争取接近客户的机会。

悟一悟

将做一做环节的演练结果与评一评内容作比较。

思路异同：____

各自利弊：____

需要提高：____

心得体会：____

思考与练习

一、讨论思考

1. 在接近客户时，如何体现尊重原则？
2. 店堂推销中，适合接近客户的时机有哪些？
3. 接近客户的常用方法有哪些？
4. 在接近客户时，客户会有哪些心理压力？如何化解？

二、案例分析

威马公司曾经先后派出几名老资格的推销员跟踪一家目标公司——高远公司，希望拿到该公司的订单成为其生意伙伴，但一直没有成功。后来经过培训师的研究点拨，大学毕业才两年的推销员姜云顺利地拿下了这份订单。原来，高远公司的李经理比较有个性，生活方式又很健康，不喜欢大多数推销员所采用的“吃喝玩乐”手段，因而一般人不容易接近。姜云经过调查后发现李经理酷爱足球，并很喜欢去现场看足球比赛，他还是某业余足球俱乐部的资深会员，于是，姜云也加入了那家足球俱乐部，并通过自己的同学经常拿到一些现场比赛的足球票，很快，姜云跟李经理不仅成了生意伙伴，还进一步成了朋友。

问题：

1. 姜云是采用什么方法来接近准客户李经理的？
2. 你从本案例中得到哪些启发？

三、情境模拟

背景资料：你是一家寿险公司的推销员。

任务：以 2 个同学为一组，先设计接近某目标客户的情景剧（可自行补充条件），然后上讲台分别扮演推销员和客户进行演练。

课题五　分析拜访记录

做建材生意的推销员小胡，在拜访了A客户12次后，A客户却在最后关头表示想转向别家购买。小胡很失望，但他仍不放弃，回到公司后认真分析前12次的“客户拜访记录”，并诚恳地请经理帮助自己分析失败原因以便改进。经理问了小胡一些基本情况，然后又认真看过12份“客户拜访记录”之后说：“我判断是A客户的技术经理对我们的产品有顾虑，因为所有记录都显示A客户采购经理对我们的产品和服务是满意的，而第12次记录显示技术经理首次参与了洽谈但没有怎么表态，你可以找技术经理好好沟通一下。”

于是，小胡专门约见了A客户的技术经理，果然找出症结并最终顺利拿下订单。

阅读案例，思考以下问题：

* 在拜访客户后为什么要填写拜访记录？
* 拜访记录应包括哪些主要内容？
* 如何利用拜访记录改善工作效果？

一、拜访记录的重要性

推销员几乎每天都要拜访多位客户，并且有些客户还需要多次拜访，而每位客户的规模、经营状况、决策人性格特征和偏好、竞争环境及需求都不一样，推销员如果想单凭记忆来记住客户的这些信息是不现实的，而且极易产生错误和偏差，要做到信息准确，就必须在接近客户的同时做好拜访记录（必要时可录音），以便于对客户作深入细致的分析，从而使推销员更好地为客户提供针对性强的差异化服务。

因此，推销员在结束对客户的实地拜访后，要填写拜访记录：对于收集到的与客户相关的信息，要进行认真梳理、归纳；对照拜访目标，对拜访结果进行小结；记录推销过程中向客户做出的承诺，以免疏忽和遗忘；分析推销过程中存在的问题与不足，及时完善和修订拜访计划，确保下一次的拜访能够达到预期目标和效果，提高拜访的质量。

二、拜访记录的内容

一份拜访记录通常应包括以下内容。

1. 一般客户资料

主要包括客户名称、地址、单位性质、联系电话等。

2. 客户情况介绍资料

主要包括客户单位性质、客户规模、客户经营状况等。

3. 客户性格及态度资料

主要包括客户决策人组成、客户性格类型、客户对推销品的态度等。

4. 客户需求特征及竞争情况资料

主要包括客户需求的产品规格及购买频率、购买方式、付款方式以及主要竞争对手的优劣势等。

5. 客户购买意向资料

主要包括推销员对客户购买意向的判断及相关说明。

6. 拜访工作改进资料

主要包括拜访工作总结、重要提醒、下一步拜访计划等。

示例：

某润滑油公司销售部制订的客户拜访记录表见表 2—5—1。

表 2—5—1 客户拜访记录表 推销员：

日期及时间		区域		城市	
拜访次数		拜访频率		上次拜访日期	

续表

<table>
<tr><td>店名</td><td></td><td>店面大小</td><td colspan="2"></td><td>员工人数</td><td colspan="2"></td></tr>
<tr><td>地址</td><td colspan="4"></td><td>拜访目的</td><td colspan="2"></td></tr>
<tr><td rowspan="2">受访人</td><td>姓名</td><td></td><td>电话</td><td colspan="2"></td><td>职务</td><td></td></tr>
<tr><td>特征与爱好</td><td colspan="4"></td><td>关注重点</td><td></td></tr>
<tr><td rowspan="2">采购经理</td><td>姓名</td><td></td><td>电话</td><td colspan="2"></td><td rowspan="2">关注重点</td><td rowspan="2"></td></tr>
<tr><td>特征与爱好</td><td colspan="4"></td></tr>
<tr><td rowspan="2">技术经理</td><td>姓名</td><td></td><td>电话</td><td colspan="2"></td><td rowspan="2">关注重点</td><td rowspan="2"></td></tr>
<tr><td>特征与爱好</td><td colspan="4"></td></tr>
<tr><td rowspan="2">决策者</td><td>姓名</td><td></td><td>电话</td><td colspan="2"></td><td rowspan="2">关注重点</td><td rowspan="2"></td></tr>
<tr><td>特征与爱好</td><td colspan="4"></td></tr>
<tr><td colspan="8">公司类型：国有（　）私营（　）股份制（　）其他（　）</td></tr>
<tr><td colspan="8">经营品牌：</td></tr>
<tr><td colspan="8">销售模式：汽修厂（　）汽配店（　）运输公司（　）快速换油中心（　）其他（　）</td></tr>
<tr><td colspan="8">经营范围：</td></tr>
<tr><td colspan="8">产品质量要求特点：</td></tr>
<tr><td colspan="8">当前润滑油销售业务情况</td></tr>
<tr><td>品牌</td><td>规格、型号</td><td>销量</td><td colspan="2">价格</td><td colspan="3">当前主要销售品牌及型号</td></tr>
<tr><td></td><td></td><td></td><td colspan="2"></td><td colspan="3"></td></tr>
<tr><td></td><td></td><td></td><td colspan="2"></td><td colspan="3">利润空间最大的润滑油品牌及型号</td></tr>
<tr><td></td><td></td><td></td><td colspan="2"></td><td colspan="3"></td></tr>
<tr><td colspan="8">购买或达成的意向：</td></tr>
<tr><td colspan="8">客户对我公司产品的意见：</td></tr>
<tr><td colspan="8">下次拜访计划：</td></tr>
</table>

推销员要坚持把每日拜访记录进行整理归类，对重要资料迅速、及时地回填到准客户的档案资料表中，以补充原客户档案表中客户资料的内容。对已成交的

客户，除记录一般客户的资料外，还要记录成交日期及金额、交货日期及地点、付款时间及方式等，并建立已成交客户档案。

三、拜访记录统计分析

每隔一个拜访工作周期（多以“月”为单位），推销员就要将该周期内的所有拜访记录进行汇总统计分析，将之与拜访计划相对照，以检查工作成效，总结行之有效的经验和方法，查找工作中存在的不足，并及时研究对策，不断提升工作业绩。

通常来说，推销员要定时从工作量和客户构成数据两个方面进行统计分析，参见表 2—5—2 和表 2—5—3。

表 2—5—2　　××年××个人每期潜在客户拜访量计划与完成对比表

每月拜访计划完成量	1 月			……			12 月		
	计划	完成	差值	计划	完成	差值	计划	完成	差值
当月个人总拜访量									
每周必要拜访量									
每日必要拜访量									
备注：此表中差值一栏，用“差值 = 完成量 − 计划量”计算，结果为负值时用红笔标示									

表 2—5—3　　××年××个人月度 / 季度 / 年度销售行为数据统计表

大类	小类	1 月	……	12 月	第一季度	……	第四季度	年度总计
销售预计	销售预计							
客户阶段	无效客户							
	潜在客户							
	机会客户							
	意向客户							
	签约客户							
销售阶段成功率	Ⅰ（潜在→机会）							
	Ⅱ（机会→意向）							
	Ⅲ（意向→签约）							
签约客户资料来源（百分比）	互联网							
	黄页							
	展会及研讨会							

续表

大类	小类	1月	……	12月	第一季度	……	第四季度	年度总计
签约客户资料来源（百分比）	户外广告							
	朋友介绍							
	客户介绍							
	陌生拜访							
	主动来电							
	购买数据							
	直邮（DM）							

以上表格可以在公司的CRM（客户关系管理）系统中调取，也可利用EXCEL办公软件进行管理，并可将之转化为更加直观的统计图进行分析。

课堂演练

做一做

某推销员的“2018年个人月度/季度/年度销售行为数据统计表”部分数据如下：

大类	小类	1月	2月	3月	4月	5月	6月	7月	8月	9月
销售预计	销售预计（万元）	500	550	620	650	750	700	720	780	840
客户阶段	无效客户									
	潜在客户	316	350	458	380	480	420	438	487	506
	机会客户	283	295	363	359	369	378	385	425	456
	意向客户	45	56	64	69	77	76	94	99	121
	签约客户	28	37	46	49	62	58	55	77	93
销售阶段成功率	Ⅰ（潜在→机会）									
	Ⅱ（机会→意向）									
	Ⅲ（意向→签约）									
签约客户资料来源（百分比）	户外广告	22%	23%	28%	30%	32%	33%	34%	33%	35%
	客户介绍	36%	31%	30%	28%	26%	24%	25%	22%	21%
	陌生拜访	21%	25%	31%	36%	38%	41%	39%	40%	41%

任务：

1. 如何评价该推销员的销售业绩？

2. 完成表中“销售阶段成功率”栏目中的空格数据并试加分析。

3. 分析“签约客户资料来源”中的数据，能得到什么启发？

评一评

1. 可在 EXCEL 上画出客户增长趋势图，如图 2—5—1 所示（以意向客户和签约客户为例）。可以看出，该推销员的销售业绩呈现稳步增长趋势。

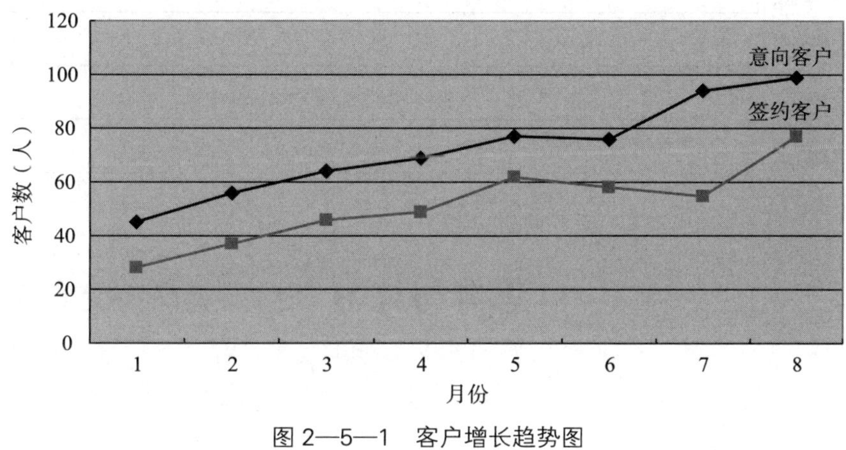

图 2—5—1　客户增长趋势图

2.“销售阶段成功率”中各栏目的计算公式为“Ⅰ= 机会客户 / 潜在客户 × 100%”“Ⅱ= 意向客户 / 机会客户 ×100%”“Ⅲ= 签约客户 / 意向客户 ×100%”。计算结果如下表所示：

销售阶段成功率（%）	Ⅰ（潜在→机会）	89.56%	84.29%	79.28%	94.47%	76.88%	90%	87.9%	87.27%	90.12%
	Ⅱ（机会→意向）	15.9%	18.98%	17.63%	19.22%	20.87%	20.11%	24.42%	23.29%	26.54%
	Ⅲ（意向→签约）	62.22%	66.07%	71.88%	71.01%	80.52%	76.32%	58.51%	77.78%	76.86%

可以看出，该推销员在各阶段的销售成功率总体上呈现上升趋势，但在Ⅰ

（潜在→机会）阶段的成功率增长趋势不及其他两个阶段，表明该阶段销售有些薄弱，需要加强该阶段的工作力度并改进工作方法。

3. 客户来源于“户外广告”和“陌生拜访”两个途径增加，来源于“客户介绍”途径减少，应将主要精力用于“陌生拜访”上，适当增加“户外广告”的投入。

悟一悟

将做一做环节的演练结果与评一评内容作比较。

快捷准确：________________________________

思路异同：________________________________

需要提高：________________________________

心得体会：________________________________

思考与练习

一、讨论思考

1. “一个推销员不能在同一条河里淹没两次”，联系本课题内容，你如何理解这句话？

2. 有推销员说：“白天拜访客户已经够累了，没必要晚上还填写什么拜访记录表”，你的观点如何？

二、案例分析

某空调推销员的“2018 年个人月度 / 季度 / 年度销售行为数据统计表”部分数据如下：

大类	小类	1月	2月	3月	4月	5月	6月	7月	8月	9月	10月
销售预计	销售预计（万元）	400	510	500	520	495	1 002	1 520	1 225	928	659

续表

大类	小类	1月	2月	3月	4月	5月	6月	7月	8月	9月	10月
销售阶段成功率	Ⅰ（潜在→机会）	67%	68%	65%	67%	66%	87%	92%	89%	87%	73%
	Ⅱ（机会→意向）	27%	36%	35%	38%	35%	57%	71%	63%	56%	41%
	Ⅲ（意向→签约）	14%	15%	15%	17%	14%	26%	37%	31%	22%	20%

问题：

1. 该推销员的销售业绩和销售阶段成功率分别有何特征？

2. 你认为该推销员的业绩合理吗？为什么？

三、情境模拟

背景资料：小李是一位中小学教学管理软件的华南（或华中、华北、东北、西北、西南等）片区推销员，主要工作职责是向区域内的中小学校推销教学软件。

任务：请为小李设计一份客户拜访记录表。

模块三　介绍产品

成功接近客户后，就要向客户介绍自己的产品。进行产品介绍是推销员需要掌握的基本技能，普遍采用的方法和模式也大同小异，归纳起来，主要有利益法、兴趣法、需求法三类，每类方法又有几种具体的模式。

学习目标：

1. 能运用利益法的几种模式介绍产品
2. 能运用兴趣法的几种模式介绍产品
3. 能运用需求法的几种模式介绍产品

课题一　用利益法介绍产品

推销员甲：这款笔记本电脑最突出的亮点是采用了全铝镁合金外壳，这使它不但富有质感且耐磨耐脏，运行速度快且更稳定，因而特别适合白领人士，光是今天我就已经卖出了18台。

推销员乙：这款笔记本电脑采用了全铝镁合金外壳，即使在移动中受到撞击，也可以保证完好无损，从而保证您计算机中的重要资料不会遗失，它的防撞击能力在国家相关部门的检测中在所有笔记本电脑中排名第一，光是今天我就已经卖出了18台。

推销员丙：这款笔记本电脑采用了全铝镁合金外壳，铝镁合金是很贵重的一种金属，普通产品是不会用这样贵重的金属材料的，因而它深受商务人士和技术人士的青睐，光是今天我就已经卖出了18台。

请你分析以上三个推销员在介绍产品时技能的优劣，并思考以下问题：

*客户购买产品时最看重的因素是什么?

*如何突出产品给客户带来的利益?

*应用利益法介绍产品有哪些步骤?

一、FABE（费比）模式的含义

客户在购买产品时，通常看重产品能提供的利益、好处、愉悦感受等。所以，推销员要清楚地知道：客户最关心的利益是什么？你所推销的产品有何与众不同的特性？它能否带给客户所期待的感受？这几个问题是推销员需要着力的重点。

FABE 模式，其本质是一种利益销售法，就是在提炼出产品的某些显著特征后，分析这一特征所体现的优点，找出这一优点能够带给客户的利益，最后提出证据，证实该产品确实能给客户带来这些利益，从而顺利实现产品的销售诉求。FABE 模式具体解释如下。

F（Features，特点）：每一种产品都有很多的属性，有些属性是跟其他竞争品或替代品相同的，称之为“通性”；有些属性则是本产品所独有的，称之为“特性”。在推销时，推销员主要是指出产品具有的特性，即核心“卖点”。

A（Advantages，优势）：说明产品的特性会发挥什么用处，重点是说明其带来的作用、优势或功效，也就是突出该产品的“优点”。

B（Benefits，利益）：说明产品的优点能给客户带来的好处。推销员应站在客户的立场，阐述产品优点给客户带来的利益所在，让客户体会到产品特性是与自己利益连接在一起的，产品之所以具有某种特性，是为了实现自身的利益。

E（Evidence，证据）：通过现场演示、相关证明文件、品牌效应、大众口碑、销售数据等来印证自己对产品的一系列介绍。这些证明材料应该具有足够的客观性、权威性、可靠性和可证实性。

示例：

（特点）您好，这款冰箱最大的特点是省电，它每天的用电量才 0.35 度，也就是说 3 天才用 1 度电。（优势）以前的冰箱每天用电都在 1 度以上，质量差一点可能每天耗电达到 2 度。现在的冰箱耗电设计一般是 1 度左右，稍一比较就可以计算出一天可以为您省多少钱。（利益）假如 0.8 元 1 度电，一天可以省 0.5 元，一个月省 15 元，相当于省掉您的手机月租费了。（证据）这款冰箱为什么这么省电呢？（利用说明书）您看它的输入功率是 70 瓦，相当于一个电灯的功率，因为它用了最好的压缩机、最好的制冷剂、最优化的省电设计，由于它的输入功率小，所以它省电。（利用销售记录）这款冰箱销量非常好，您可以看看我们的销售记录。假如合适的话，我就帮您订一台。

二、FABE 模式的应用

1. FABE 模式的基本逻辑思路

F：因为……特色（要吸引住客户）。

A：这会使得……优点。

B：那也就能给您带来……利益。

E：您看……见证。

2. FABE 模式的应用步骤

第一步：先介绍产品特色，即主推的卖点，体现出差别性。

如：我们这款空调产品因为采取了目前国际上最先进的也是我们公司的专利技术 SQ 节能技术（特色，主推的独特卖点）……

第二步：大多数场合，产品特色介绍中往往会包含一些行业专用名词或行业知识，客户并不容易明白你所介绍的产品特色，所以接下来推销员要有一个对主推卖点进行阐释的过程。

如（接上例）：这会使得我们的产品比同类产品在达到同样制冷效果的条件下节电 38%（优点，相比同类产品的优势）……

在这里要注意的是，要厘清第一步和第二步之间的逻辑关系，第一步“特色”是因，第二步“优点”是果，而不能在第二步另起炉灶，让两个步骤之间无法衔接。

第三步：客户在购买产品时，他们关心的是自己的需求和利益能否得到保证，如果产品的“好”不能转化给客户的“利”，再好的产品也只能积压在仓库里。所以，前两步只是为第三步作理由方面的铺垫，真正要说明的重点是这些特色和优点如何转化为客户的利益。

如（接上例）：也就是说，依据贵公司的采购数目和每台空调年均使用小时来估算，每一年至少能给贵公司节省 66 000 度电，按 0.6 元 / 度计算，一年下来就能为你们节省 39 600 元。固然我们的产品价格比别的品牌要贵一点，但这贵出的钱你们一年就从省下的电费里补回来了，接下来就是节省真金白银了（利益，给客户带来的好处）……

第四步：尽管推销员把产品介绍得很好，客户仍然会抱着“听其言，观其证”的态度，所以，推销员必须拿出令人信服的证据来证明前面所说是“证据确凿”的。

如（接上例）：（出示报纸证据）您看，这是今年 8 月份《电子科技报》报道我们产品节能数据的专题新闻（证据，证明前面所说的有根有据）……

三、使用 FABE 模式的注意事项

1. 在介绍产品特色时的注意事项

（1）介绍的卖点最好不要超过 3 个，否则过多的特色容易让客户混淆，不容易给客户留下深刻印象。

（2）推销员应该多挖掘产品的一些特色（卖点）作为备用，因为在决定重点介绍哪几个卖点之前，一定要先判断客户的核心需求所在，只有重点介绍的卖点和客户的核心需求相吻合，才能给客户留下深刻的印象。

（3）主推的特色（卖点）和同行竞争对手相比要有优势，否则就不是特色和优点，客户也不会产生兴趣和购买愿望。

2. 将优点转化为利益时的注意事项

（1）对焦客户需求。优点所转化的利益必须是客户所关心的，能够满足客户需求的，说出来让客户有眼前一亮的感觉。

（2）利益详细化。给客户介绍的利益，一定要防止“可能”“大约”等含混字眼，而是要详细化、具体化、数字化，这样客户会更清楚地了解产品可以给其带来的利益。

（3）利益情景化。在给客户介绍利益时，推销员一定要将自己带入所描述的情境之中，乐于描述产品能够给客户带来的利益，让客户受到感染。

课堂演练

做一做

梁帆是某手机卖场的推销员，卖场里面有各种品牌和型号的手机，在众多推销员的业绩比拼中，梁帆一直名列榜首。公司请她介绍经验，她说关键是善用 FABE 模式介绍产品，并举了一个例子作示范讲解。这个例子是：为一个想要购买娱乐型手机的年轻人介绍相应产品。

全班同学以三人为一组，先设计如何用 FABE 模式介绍一款手机给这个年轻人，然后派一名代表上台展示自己的设计。全部展示完毕后，比一比哪组的设

计最好。

评一评

在上述任务中，梁帆可以采用如图 3—1—1 所示步骤，利用 FABE 模式做好产品介绍工作。

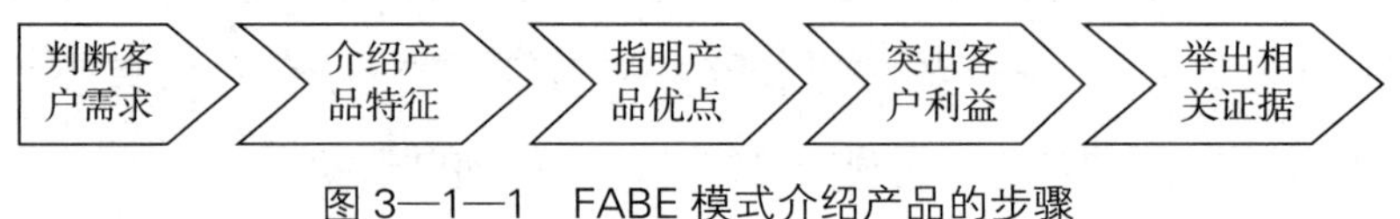

图 3—1—1　FABE 模式介绍产品的步骤

一、判断客户需求

推销员在介绍产品前，先要判断客户的主要需求特征，然后才能在介绍产品时有的放矢。

梁帆通过跟年轻客户的初步接触，发现其需求特征是比较注重手机的娱乐功能，而娱乐功能通常是玩游戏、看电影、听音乐和上网等。

二、介绍产品特征

梁帆围绕娱乐功能较强这个诉求，迅速在大脑中搜索相关型号的手机，她很快就搜索出了几个备选产品，在将它们按照价格从高到低进行了排序之后，决定先介绍 ×× 品牌 ×× 型号的手机，并迅速挖掘出它的相关特征。

梁帆是这样介绍的："先生，这款 ×× 牌 ×× 型号手机的 CPU 采用的是目前最先进的八核芯片，机身内存为 128 G，最高可扩展至 256 G……"

三、指明产品优点

梁帆介绍完产品的主要特征之后，接着指出这些特征在娱乐方面的优点所在："八核芯片的处理速度是普通芯片的 2 倍以上；机身 128 G 的超大内存可以容纳几千款游戏软件……"

四、突出客户利益

梁帆在指出了产品超强娱乐功能的优点之后，紧接着指出这些优点给客户带来的利益："采用八核芯片可以保证您玩游戏、上网、看电影流畅自如，真正免受卡机之苦；机身 128 G 的超大内存可以随心所欲地下载电影和安装自己喜欢的游戏软件而根本不用担心空间不够的问题，让您随时随地体验它们所带来的娱乐享受……"

五、举出相关证据

梁帆在介绍完产品的特征、优点和给客户带来的利益之后，接下来举出相关证据："这是太平洋电脑网对这款手机的评测报告，您可以看到，它的运行速度和内存容量都是时下主流机型中最出色的，正因为如此，它的销量近几个月来一直稳居前三名……"

悟一悟

将做一做环节的演练结果与评一评内容作比较。

思路异同：________________

方法异同：________________

各自利弊：________________

需要提高：________________

心得体会：________________

思考与练习

一、讨论思考

1. FABE 模式的逻辑思路是怎样的？
2. FABE 模式中的 F 如何挖掘？
3. FABE 模式中的 E 通常可以从哪些方面入手？
4. 在运用 FABE 模式时应注意哪些问题？
5. 你认为 FABE 模式的核心是"产品特色"还是"客户利益"？为什么？

二、案例分析

推销员：“这种床垫内部采用袋装弹簧，根据人体工程学原理排列组合，可分别承受压力，同时能有效预防弹簧之间的摩擦，并能有效承载人体重力，令脊柱保持自然状态，确保睡眠安稳舒适。经专家检测：袋装弹簧的分解压力性能明显高于普通弹簧，并且能使全身肌肉得到充分放松，您看，这是检测证书。”

问题：

1. 请指出案例中提到的 F、A、B、E。
2. 你如何评价推销员的产品介绍？

三、情境模拟

背景资料：周兵是你所在地某土特产卖场的推销员。

任务：请你用 FABE 模式为周兵撰写一份某产品的介绍词（可自行补充条件）。

课题二　用兴趣法介绍产品

推销员："您使用这种吸尘器，就可以从繁杂的家务劳动中解脱出来，每天可以节省两个小时的时间，这样，您就可以有更多的时间和精力去关心您孩子的学习和生活，也会有更好的心情和家人一同享受生活的乐趣。"

阅读案例，思考以下问题：

*介绍产品时如何吸引客户的注意力?

*有哪些方法可以激发客户的兴趣?

*如何应用兴趣法介绍产品?

一、兴趣法介绍产品的机理

经验证明，最能让客户投入的有效方法是让客户产生兴趣，当客户对产品和推销活动产生兴趣后，其购买欲望最容易被激发。

例如，想推销牛排，将牛排放到客户的面前固然有效，但更令人无法抗拒的是推销员娴熟地煎牛排时，牛排滋滋作响、香味四溢的场景。这种场景会使人们产生对美味的联想，从而刺激购买欲望。

因而，在推销活动中，如果推销员一开始能运用一些方法吸引客户的注意力，并对产品的特点和利益进行形象、生动的描述，就容易获得成功，这就是兴趣法介绍产品的机理。

下面介绍的两种模式就是兴趣法介绍产品的具体运用。

二、AIDA（爱达）模式

AIDA 模式的思路是推销员先设法把客户的注意力吸引或者转移到产品上，使客户对推销员所推销的产品产生兴趣，进而激发其购买欲望，最后促使客户采取购买行动。它的推销活动分为四个步骤：引起客户注意，唤起客户兴趣，激起客户购买欲望，促成客户购买行为。

AIDA 模式被公认为是国际成功的推销模式，比较适用于店堂推销，如柜台推销、展销会推销等；适用于一些易于携带的生活用品与办公用品的上门推销，也适用于新推销员以及首次接触客户的推销，其四个步骤如下。

1. 引起客户注意（Attention）

推销员开展推销活动的第一步就是要刺激客户的感官，使客户对推销员和推销品有一个良好的感觉，促进客户对推销活动有一个正确的认识和有利于推销的正确态度，使客户愿意把注意力从其他事情转移到推销活动上来。吸引客户注意的方法主要有形象吸引法、语言吸引法、动作吸引法、产品吸引法、现场广告吸引法等。推销员要因人因地采取不同的方法。

2. 唤起客户兴趣（Interest）

唤起客户兴趣是指唤起客户对推销活动及推销品的兴趣，或者说是诱导客户对推销活动的积极态度。兴趣与注意有着密切的关系，兴趣是在注意的基础上发展起来的，反过来又强化注意。兴趣也与需要有密切的关系。客户对推销的兴趣都是以他们各自的需要为前提的，只有了解到推销品对于满足其需要的意义后，客户才会产生兴趣。因此，要很好地诱导客户的兴趣，就必须深入分析客户的各种需要，让客户看到购买产品所能带来的利益。推销员要利用各种方法向客户证实推销品的优越性，以此唤起他们的购买兴趣。一般来说，诱导客户兴趣的最基本方法就是示范和表演，运用动作、色彩、声音等元素来示范推销品，以增强示范的效果。

3. 激起客户购买欲望（Desire）

在推销过程中，激起客户购买欲望可分为三个步骤：推销员首先提出推销建议，在得到客户反映之后，找到症结所在，然后有针对性地进行理由论证，多方激起客户的购买欲望，直至达成交易。

4. 促成客户购买行为（Action）

客户从产生购买欲望到采取购买行动，还需要推销员运用一定的成交技巧来施加影响，以促成客户尽快做出购买决策。如何有效促成交易，本书在以后的章节中将有详细介绍。

示例：

一个推销安全玻璃的推销员，业绩一直都是第一名。在一次介绍经验的大会上，他说："每次我去拜访客户时，都会随身携带几块安全玻璃和一把小铁锤。然后问客户是否相信安全玻璃，如果客户说不相信，我就把玻璃放在他们面前，然后用锤子往玻璃上一敲。当他们发现玻璃真的没有碎裂时，都会很惊讶，接下来就是讨价还价了。"这以后，公司其他推销员出去拜访客户时，都会随身携带安全玻璃以及小铁锤。但经过一段时间，他们发现还是那个推销员的业绩第一，对此感到奇怪。在第二年的经验介绍大会上，这个推销员说："今年以来，我改进了方法，每次到客户那里去时，就把玻璃放在他们的桌子上，然后问他们是否相信安全玻璃，当他们说不相信时，我就把锤子交给他们，让他们自己来砸这块玻璃。"

三、构图讲故事模式

1. 构图讲故事模式的含义

通过构造和描述一个故事来介绍产品，是说服客户的好方法之一。通过描述故事，推销员把要向客户传达的信息变得饶有趣味，使客户在快乐中接受信息，从而对产品产生浓厚兴趣。由于故事通常具有新颖、别致、有吸引力的特点，所以它能在客户的心目中留下深刻的印象。当一个推销员能让产品在客户心目中留下一个深刻、清晰的印象时，其就有了真正的优势。

任何产品都有它迷人而有趣的话题：它的品牌由来、创始人传奇、发明原因、发明过程、生产过程、产地环境、典型客户购买经历、产品带给客户的好处、客户买了产品之后的体验和享受场景等。推销员挑选生动、有趣的部分，把它们构造成一篇令人心驰神往的动人故事或一幅"画面"，就不会像说教那样枯燥乏味和令人烦厌，就能吸引客户的注意，使客户产生兴趣，进而达到推销的目的。

示例：

一个推销员约见一个客户单位的总经理，那位总经理只给了她5分钟的时间。这个推销员递上了自己的名片，用了1分钟介绍自己的名字，总经理说：“不错。”推销员见状，话锋一转，说：“您知道吗，我特别喜欢打牌。”总经理愣了一下，推销员继续说道：“您知道为什么吗？”这时那位总经理的好奇心已经被勾起，便接着听了下去。

推销员说：“因为我喜欢三件事：一、我特别喜欢学习和钻研新技术，所以我选择在科技公司从事高科技产品的销售工作；二、我特别喜欢竞争，所以我为有IBM和惠普这样世界一流的竞争对手感到高兴；三、我认为人的一生要有运气，没有运气就不会成就人生，因此我感谢好运一直伴随着我。而打牌恰好融合了这三件事。”总经理听完后，非常高兴地说：“我也喜欢这三件事。”于是，双方相谈甚欢。

2. 构图讲故事模式的应用

运用构图讲故事模式，归纳起来一般可从以下几个方面切入。

（1）介绍性故事

运用语言技巧吸引客户注意：我是谁？为什么到这里？我能怎样帮助客户？

（2）引人注意的故事

使客户对推销员和产品感兴趣并予以注意，加强戏剧性效果。

（3）品牌和产品信息故事

不是简单地罗列产品的公司背景、来源、特点及长处，而是把它们融于故事中娓娓道来。

（4）克服担心的故事

客户害怕承担购买风险，推销员通过描述其他客户购买经历的故事，帮助客户克服担心。

（5）金钱的故事

向客户描述其他客户通过购买产品和服务如何省钱、赚钱的故事。

（6）自我陶醉故事

向客户描述拥有产品的客户自豪和享受利益的“画面”，以及别人对他们的羡慕场景等故事。

（7）提高生产力的故事

向客户描述产品能帮助企业提高效率、降低消耗、增加产量、增加利润的故事。

（8）家庭亲密的故事

向客户描述产品给客户家庭带来幸福感受的故事。

（9）安全故事

向客户描述产品能使人心平气和、情感安全、经济安全等的故事。

（10）成交故事

向客户描述与典型客户较曲折成交过程的故事，向客户巧妙地展示出自己产品的质量和信誉。

示例：

“我们这种新型空调机采用最新的智能设计，不需要反复开关，设定之后，只要有人它就自动开，没人它就自动关，非常方便。您想想，在炎热的夏天，当您拖着疲倦的身体回到家里，是不是非常渴望能够马上置身于清凉的世界，放松地躺在柔软的沙发上，喝上一杯冰果汁？如果您购买了我们这款空调，从您跨进家门的那一刻起，空调就会自动开启，您也不用费事到处寻找遥控器，就好像妈妈已经细心地为您准备好了一样。这种享受是多么的惬意啊！”

3. 构图讲故事模式的注意事项

（1）度身定做

选择和客户的水平、经历、职业、爱好、年龄以及当时场合的特性相吻合的故事。

（2）细节必须具体

使用客户能够熟识的事实或特定的细节，可以让故事听上去更真实和特定化，更能引发客户联想，他们对产品的兴趣也会更浓。

（3）用生活中的真实场景

因为亲身经历过，推销员就能更生动地讲出故事，客户就更容易理解、接受。同时，别人也不容易窃取故事，因为所有的细节都是和推销员的生活密切相关的。

（4）自嘲

勇于谈论自己的困难、糊涂事甚至是糗事，客户会更容易对推销员有好感。

（5）运用语言技巧

对故事中的形容词和动词加以强调，可以使故事听上去更有趣；语音、语调抑扬顿挫，容易吸引客户进入推销员的故事中；巧设悬念和提问，可以让客户的思路跟着推销员走。

（6）勿拘泥故事原形

推销员可能会重复讲一个故事，但切忌刻意回忆、全盘照搬，而是应根据客户和场合的不同，适当增加或压缩细节，让同一个故事在不同的场合有不同的亮点。

（7）多用肢体语言

推销员在讲故事时，多用面部、身体、四肢语言进行配合，可以大大增强讲故事的效果，更好地吸引客户的注意力。

（8）故事围绕推销目的进行

做任何事情都有个目的，推销员在讲故事之前要想清楚自己为什么要讲这个故事。在讲故事的过程中，头脑中一定要紧紧抓住讲故事的主线不偏移，不要一发挥就忘记了自己当初讲故事的初衷，这也是对推销员“功力”的考验。

课堂演练

做一做

肖冰是某国内品牌葡萄酒的推销员，主要工作是推销公司的系列葡萄酒。在每天与各种各样的陌生客户打交道的过程中，她需要一套相对固定的推介产品的模式。她得知某同事用 AIDA 模式和构图讲故事模式分别准备了一套方案向客户介绍产品，在实践中收到了较好的效果，业绩也在众多推销员中脱颖而出，肖冰也想学着做。

全班同学以三人为一组，帮助肖冰想想如何用 AIDA 模式和构图讲故事模式介绍一款葡萄酒给客户（可自行补充条件），然后派一人上台展示自己的做法，全部展示完毕后，比比哪组的设计最好。

一、AIDA 模式介绍产品

AIDA 模式的魅力在于“吸引注意、诱导兴趣和刺激购买欲望”，在介绍产品的三个阶段都需要发挥推销员的智慧和才华。肖冰应用 AIDA 模式的要点是：

1. 引起客户注意

推销员在推销葡萄酒时，经常会碰到客户委婉谢绝的局面，有时候客户多半是顾及情面，当面点头应付，背后摇头忘记，推销工作往往难以深入展开。那么，该如何引起客户的注意力呢？可运用以下几种方法：

（1）形象吸引法

无论是新客户还是老客户，推销员的外在形象都是重要的沟通渠道。因此，肖冰在日常拜访中，应当注重仪容仪表，面对客户时应当坦诚、温和，保持与客户的目光接触，眼睛看着对方讲话，要神清气爽，切忌精神萎靡、漫无目的、有气无力。

（2）品牌吸引法

肖冰在推销葡萄酒时，可尽量借助厂家势力、品牌价值及品牌市场影响力等主观因素，准备好相关的宣传资料和小礼品，也可借助其他销售量较好的零售客户实际案例等进行大力宣传，从而吸引客户注意。

（3）语言吸引法

肖冰在推销葡萄酒时，要运用语言艺术吸引客户的注意力，可以运用奇事、数字、奇言、一针见血、奇怪问题等多种吸引法，逐渐将沟通深入，如：“王小姐，您的皮肤这么好，是经常喝红酒吧？”

（4）利用“实物”或“证物”

每次出去时，肖冰应随身携带精美的样品，推销时一定要展示样品，必要时还可让客户品尝。

2. 继续引导客户，想办法激发客户兴趣

唤起客户兴趣是葡萄酒推销活动的重点。肖冰在推销葡萄酒时，可讲解葡萄酒的品种、功效、质量鉴别、产地、味道、制造工艺与保存等知识，并通过与市场上同价位品牌进行比较，以及让客户品尝或让客户参与葡萄酒品质的鉴别等手段，唤起客户的兴趣。

3. 刺激客户购买欲望

欲望来自需要，但需要不一定会导致欲望。因此，肖冰在进行葡萄酒推销时，勿心生急切，应该先建立起客户对自己的信任和对产品的兴趣，然后强化感情，多方刺激客户的购买欲望。例如，用同类产品利益对比和算经济账的方法阐述葡萄酒的推销亮点，从而进一步刺激客户的购买欲望。

二、构图讲故事模式介绍产品

“买卖不成话不到，话语一到卖货俏。”肖冰在推销葡萄酒时，要想激发客户的兴趣，刺激客户的购买欲望，就要讲究“说”的艺术，要防止单调、生硬、抽象的语言，而通过讲故事来介绍产品，是说服客户的好方法之一。

推销员对产品的介绍如果局限于产品的各种物理性能，是很难让客户动心的。要使客户产生购买念头，推销员要在介绍产品的性能、特点的基础上，勾画出一幅引发客户联想的图景，以增强吸引力。

在讲故事时，要注意针对不同的购买对象和不同推销阶段的特征进行灵活应对。例如，在某代理商组织的“走进名媛”大会上，面对上百名成功女士，肖冰讲了这样一段传说：“古代有一位波斯国王很爱吃葡萄，曾将葡萄压紧保藏在一个标着‘有毒’的大陶罐里，以防有人偷吃。等到数天以后，国王有一个妃子由于心脏功能不好和肥胖厌食而对生活产生了厌倦，于是经常偷饮标着‘有毒’陶罐内的葡萄酿成的饮料，一来二去，她不仅身材变得苗条起来，而且皮肤越来越滋润和有弹性，整个人也恢复了青春活力，于是又对生活充满了信心，并深得国王的宠爱。一次她盛了一杯‘毒酒’专门呈送给国王，国王饮后也十分欣赏。自此以后，国王颁布了命令，专门收藏成熟的葡萄，压紧盛在容器内进行发酵，以便得到葡萄酒，供皇室成员享用……”

肖冰通过讲述传说故事吸引了客户的注意力，并将喝葡萄酒的种种益处“润物细无声”地传递给了客户。

悟一悟

将做一做环节的演练结果与评一评内容作比较。

思路异同：________________________________

方法异同：________________________________

各自利弊：____

需要提高：____

心得体会：____

思考与练习

一、讨论思考

1. AIDA 模式的实施步骤是怎样的？
2. 什么是构图讲故事模式？
3. 推销员在“讲故事”时要注意哪些事项？
4. 在运用 AIDA 模式时，引起客户兴趣的常用方法有哪些？
5. 在介绍产品时，推销员想方设法引发客户的兴趣有哪些好处？

二、案例分析

读以下两个案例，回答后面的问题。

（1）一位小型油漆厂的推销员经常给客户讲这样一个故事：“前年，我厂接到客户一封投诉信，反映产品质量有问题。于是厂长亲自带领全厂工人自费坐车到一百公里外的客户单位。当全厂工人来到客户现场，看到由于油漆质量不合格而给用户造成的损失时，都感到无比的羞愧和痛心。回来后，厂里召开质量讨论会，大家纷纷表示今后决不让一件不合格产品进入市场，并决定把接到客户投诉的那一天，作为‘厂耻日’，还引入了全员质量管理系统。结果，我厂再也没接到过质量方面的投诉，产品也连续两年获得省优称号。”

（2）在某购物中心食品柜台旁，一个胸挂“厂家推销员”的小伙子，正用右手拿着一个特大号的五光十色的陀螺在柜台上玩。转动时的光环在购物中心大厅里一闪一闪地引起了客户的注意。追随着光源，客户纷纷来到了食品柜台前。只见柜台上立着一张漂亮的宣传卡，上面用大字书写着：“××抗衰老酒——献给具有营养学知识的朋友们”，落款是：北京×××葡萄酒厂。客户看着宣传卡，纷纷向推销员探究内情。推销员借此机会宣传富有 SOD 营养液的“××抗衰老酒”的功效和作用，使不少客户对这种酒产生了浓厚的兴趣。推销员还宣传说，这种酒是送给中老年人最好的礼物，益寿延年，有益健康。

问题：两个推销员分别运用了什么推销方法？你如何评价其效果？为什么？

（3）某厂开发的新产品——理疗仪，在某商场柜台摆放了3个月无人问津。忽然有一天该产品销量大增。产品由滞转畅的原因是，推销员不仅向客户介绍产品的性能，而且现场进行了演示，在一位患肩周炎的老人身上进行示范使用，使用后，这位老人表示肩周炎症状有所缓解，胳膊在伸直、弯曲时不疼了。于是围观的客户纷纷争购这款产品。

问题：示范的作用是什么？推销员为什么应具备示范操作的本领？

三、情境模拟

背景资料：左芳是某化妆品企业的推销员。

任务：请你用AIDA模式或构图讲故事模式为左芳进行产品介绍提供一份可行方案（可自行补充条件）。

课题三　用需求法介绍产品

一条街上有三家水果店。

一天，有位大婶来到第一家店里，问："有葡萄卖吗？"店主见有生意，马上迎上前说："大婶，买葡萄啊？您看我这葡萄又大又甜，还刚进回来，新鲜得很呢！"没想到大婶一听，竟扭头走了。

大婶接着来到第二家水果店，同样问："有葡萄卖吗？""我这里葡萄有酸的也有甜的，那您是想买酸的还是想买甜的？"店主回答。"我想买一斤酸的"大婶说。于是，大婶买了一斤酸葡萄回去了。

第二天，大婶来到第三家水果店，和在第二家店一样，大婶要了一斤酸葡萄，但第三个店主一边秤酸葡萄一边和大婶聊道："许多人都喜欢甜的，可您为什么要买酸的呢？""哦，最近我儿媳妇怀上孩子啦，特别喜欢吃酸葡萄。""哎呀！恭喜您老人家快要抱孙子了！有您这样会照顾的婆婆可真是您儿媳妇的福气啊！""哪里哪里，怀孕期间当然最要紧的是吃好、胃口好、营养好啊！""是啊，怀孕期间的营养是非常关键的，不仅要多补充些高蛋白的食物，听说多吃些维生素丰富的水果，生下的宝宝会更聪明些！""是啊！那吃哪种水果含的维生素更丰富些呢？""很多书上说猕猴桃含维生素最丰富！""那你这有猕猴桃卖吗？""有呀，您看我这进口的猕猴桃个大汁多，含维生素多，您要不先买一斤回去给您儿媳妇尝尝！"这样，大婶不仅买了一斤葡萄，还买了一斤进口的猕猴桃，而且以后几乎每隔一两天就要来这家店里买水果。

阅读案例，思考以下问题：

*推销员为什么要努力掌握客户需求？

* 介绍产品时如何掌握客户的需求？
* 如何应用需求法介绍产品？

一、需求法介绍产品的机理

在上面的案例中，这三家水果店的店主代表了三种不同的推销员，第一个店主只是一味地告诉客户自己的产品如何好，而不了解客户的需求特点，所以其推销方式是“盲人摸象”式的，成功概率自然不会太高；第二个店主懂得通过简单的提问了解客户的一般需求并予以满足，是个中规中矩的合格推销员；而第三个店主不仅了解和满足了客户的一般需求，而且还挖掘和满足了客户的深层需求，因此是一个顾问式的优秀推销员。

所以，当推销员有足够的时间和客户接触时，就不能只把着眼点放在自己的产品上，按照自己的思维方式去介绍产品，而是要站在客户的立场上去看问题，有意识地去探索客户的需求，全程担任客户的“销售顾问”，帮助客户分析问题、解决问题，进一步发掘出客户更深层次的需求，最后获得客户的信任，为建立长久的生意关系打下基础。这就是需求法介绍产品的机理。

示例：

有个客户想买礼物给儿子，可是不知道买什么好。他先后遇到了三个推销员，对答如下。

客户：我想给儿子买份礼物……

推销员 1：您有没有想好买什么？

推销员 2：您看一下，这是我们刚进的旅行背包，很漂亮的。

推销员 3：哦，好啊！我想请问一下，您是为了什么要送礼物给您的儿子啊？

结果，他在第三个推销员处买到了礼物。

二、DIPADA（迪伯达）模式介绍产品

DIPADA 模式是以需求为核心的现代推销学在推销实践中的突破与发展，

被誉为现代推销法则。它紧紧抓住了客户需求这个关键性问题，充分体现说服劝导的原则。与 AIDA 模式相比，虽然 DIPADA 模式复杂且步骤多，但针对性更强，推销效果更好。此模式较适用于对老客户及熟悉客户的推销，以及保险、技术服务、咨询服务、信息产品等无形产品和客户属于组织购买者的推销。

DIPADA 模式的六个推销步骤如下：

1. 准确发现、界定客户的需要和愿望（Definition）

从大量的推销实践来看，推销真正的障碍来自客户的需要和愿望得不到满足。客户需要可能同时有许多种，既有明显的、可言说的，又有隐蔽的、不可言说的。特别是组织购买者，有两个层次的主体，一个是组织本身，一个是组织的个人代表。客户的一些隐蔽需求和愿望，需要推销员去挖掘、去求证；多种需要都应考虑到，并尽量同时满足。

准确发现、界定客户的需要和愿望，是说服和有效推销的基础和保证。否则，洽谈将陷入无效的讨论之中。

示例：

一家工业品公司培训推销员发现客户需求的方法：

1. 提问了解法

（1）三择其一的提问法。推销员："陈先生，我们有三种基本功能不同的复印机：一是普通型，二是带分页的，三是带装订的。哪一种对您最有用？"

（2）主导式提问法。推销员："现在企业都在努力提高生产效率吧？"客户："是的。"推销员："要提高效率就应尽量采用计算机等先进设施，您看对吗？"客户："当然。"（推销员最后一个问题是要客户肯定应当选择推销员的产品）

（3）征询式提问法。推销员："现在许多先进的公司都广泛地使用了计算机，对吧？"

（4）含蓄式提问法。推销员："那天我们已经解决了一个问题，您看今天……"

（5）立即应答式提问法。客户："你看这个样子不错。"推销员："可不是嘛！"

（6）限定式提问法。推销员："您看更需要舒适型还是运动型的？"

（7）启发式提问法。推销员："先生，您买这辆汽车是自己使用，还是用来出租？"

2. 推销洽谈发现法

推销员可以采取“迂回包抄”的方式，从关心客户、问候客户的角度出发开始推销洽谈，继而边洽谈边发现客户的困难与需求。

3. 请教发现法

客户通常对其熟知的领域很感兴趣，因此，推销员通过向客户请教其熟知领域的问题，可以得到更多的需求信息。

4. 中医诊病法

即用“望”“闻”“问”“切”去了解客户的需求。

望：推销员观察客户的经济收入水平、文化程度、兴趣爱好以及房屋或办公地的摆设、购置的商品、穿着打扮、精神面貌，从而确定交谈的话题。

闻：推销员设法打开客户的话匣子，不要无故打断客户的话题，如果客户喜欢说，就应尽其所言，并不时附和、提问，以引导客户说出推销员想得到的信息。

问：探查对方的真实需求、购买欲、购买力和购买决策权。

切：把握全局，从客户办公场所、生产经营场所、个人体态、言语等方面了解客户需求，归纳出客户的性格、爱好特征，明确客户的顾虑，然后对症下药。其中，通过客户体态、言语获取信息是一个重要途径。

其他发现客户需求的方法还有市场调查预测法、市场咨询法、资料查找法等。

2. 把客户的需要和愿望与推销的产品结合起来（Identification）

FABE 模式的前三个步骤（Features、Advantages、Benefits）是对这个阶段工作的很好诠释。通过利益推销法，紧紧围绕产品给客户带来的利益，展开推销劝说活动。

3. 证实推销品符合客户的需要和愿望（Proof）

（1）人证法：社会名人或客户熟知的人士对产品的评价。

（2）物证法：产品实物、模型、质检报告、鉴定书、获奖证书等。

（3）例证法：典型的实例、完整的个案，时间、地点、人物、结果，具体、详细的数据等。

4. 促使客户接受所推销的产品（Acceptance）

坚持以客户为主，切忌以推销员自我为中心和想当然。

（1）提问法。如：“如果您对我们产品的质量没有疑问，那我们来讨论交货问题好吗？”

（2）总结法。如：“通过前面所作的讨论和分析，可以看出我们的产品、方案是解决您的问题的理想途径（或 ×× 型号的产品是您明智的选择）。”

（3）试用法。试用产品，检查效果，进一步说服客户。

（4）引导法。层层深入，由小到大，由浅入深。

5. 刺激客户的购买欲望（Desire）

第五个步骤与 AIDA 模式一致。

6. 促使客户做出购买行为（Action）

第六个步骤与 AIDA 模式一致。

运用 DIPADA 模式指导推销，应认真把握六个步骤之间的逻辑关系及其作用，除非客户的表现已表明进入了下一个步骤，否则，推销员不能随意跨越其中任何一个步骤，以确保推销成功。

三、IDEPA（埃德帕）模式介绍产品

无论是个人客户还是组织购买者，只要是客户主动与推销员接洽，都是带有明确的需求目的的。而 IDEPA 模式就多用于向主动上门求购客户的推销，也用于向老客户的推销。

IDEPA 模式的五个推销步骤如下：

1. 把推销的产品与客户的愿望结合起来（Identification）

一般来说，人们总希望从购买活动中获得一定的利益，推销员应对上门主动求购的客户热情接待，主动介绍产品，使客户认识到购买产品所能获取的一定利益。

在实际推销工作中，客户很难在推销员接近时立即认识到购买产品的利益，同时为了掩饰求利心理，也不愿主动向推销员打听这方面的情况。如果推销员在接近客户时主动提示产品利益，可以使产品的内在功效外在化，有利于满足客户需求。

在向客户展示购买产品的利益时，推销员应注意必须符合实际，不能夸张。

2. 示范产品阶段（Demonstration）

证实的常用办法是示范。熟练地示范推销的产品，不仅能吸引客户的注意力，而且能使客户直接对产品产生兴趣。示范最能给人以直观的印象，示范效果如何将决定推销成功与否。因此，示范之前必须进行周密准备。

3. 淘汰不合适的产品（Elimination）

推销员在向客户推销产品的时候，应及时筛选那些与客户需要不吻合的产品，使客户尽量买到合适的产品，但也不能轻易淘汰产品，要做一些客观的市场调研及分析。

4. 证实客户的选择是正确的（Proof）

即用案例证明客户已挑选的产品是合适的，该产品是能满足其需要的。

5. 接受某一产品，做出购买决定（Acceptance）

推销员应针对客户的具体特点和需要进行推销工作，并提供优惠的条件，以促使客户做出购买决定。

示例：

四洲印刷品公司的推销员朱能已约好去见万通印刷公司的经理杨多。

朱能：早上好！杨经理，我知道您的工作很忙，时间安排得很紧，今天早上承蒙接见，至感荣幸。对了！我在报纸上看到有关贵公司的报道，业绩有所突破，这一定是您的经营方向正确、领导有方，相信一定有很多人在谈论贵公司的管理。（这段话应用 AIDA 模式）

杨多：是的，我们对公司的业绩感到很欣慰，那不是轻易得来的。本公司和其他公司一样，同样也有我们的问题。

朱能：贵公司有哪些问题呢？（这句问话应用 AIDA 模式中引起客户注意时把客户的利益和问题放在第一位，紧紧抓住关键点提问）

杨多：最主要的问题是印刷时，机器停顿的次数太多。

朱能：造成机器停顿的原因是什么呢？（这句问话应用 DIPADA 模式中紧紧抓住关键点提问以便准确发现客户的需求与愿望）

杨多：原因之一是本公司购买的湿滚筒质量太差，不只是向您的竞争厂商大荣公司购买，同时也向贵公司购买。这些滚筒都不耐用，接缝处有撕裂的痕迹，绒布上沾有油墨，不知道是什么原因。

朱能：我了解您的感受，很高兴您把这些问题告诉我。直到最近为止，这确实是业界相当普遍的问题，这也是我今天来拜访您的原因之一。本公司最近开发一种崭新且现代化的 4—Disk 湿滚筒，如果使用它，您刚才所提的这些问题就不会再发生了。您听说过这种新产品吗？（这段话通过几个关键的提问，了解问题产生的原因并很自然地引出能解决问题的产品，很好地引起了客户的注意，同时

应用 DIPADA 模式把推销的产品与客户的需求、愿望结合起来）

杨多：从未听说过。

朱能：我想您应该认识白马印刷公司的徐总吧，您认为他的作业方式和您的作业方式相同吗？（这句问话采用 IDEPA 模式用案例向客户证明与比较）

杨多：是的，大部分都相同。

朱能：上个月我和徐总讨论时，他告诉我他的滚筒纸潮湿表面的平均寿命才 16 小时，因为强烈的碰撞、起泡、解开等动作，平均每次换班就得更换表面，此时机器就要被迫停顿了。这就是您所遇到的问题吗？（利用了解的信息进一步帮助客户挖掘深层次的技术原因并取得客户的信任，同时应用 DIPADA 模式把推销的产品与客户的需求与愿望结合起来）

杨多：是的，正是如此。（应用 DIPADA 模式进一步证实推销的产品符合客户的需求）

朱能：大约在四个星期前，经过我的建议，徐总决定试用 4—Disk 湿滚筒，后来他发现强烈碰撞、起泡、解开等动作有所减少。一个月以后，第一个湿滚筒仍然在使用。因为无须更换表面，所以减少机器停顿的次数，节省的钱就足够支付 4—Disk 湿滚筒的费用了。（应用 DIPADA 模式把推销的产品与客户的需求结合起来，并证实该产品正是客户所需要的）

杨多：不错。这种新产品的价格一定很贵吧？

朱能：让我把这个问题说清楚之后，再来讨论价格吧！坦白说，4—Disk 湿滚筒是一种革命性的新产品，潮湿的表面是一个崭新的观念，它是一个完整的圆柱形，并且含有坚固的纤维管，完全没有接缝，可消除您所遇到的问题。而且，4—Disk 湿滚筒要比干燥滚筒更坚固，您曾经使用过纸套筒吗？（应用 FABE 模式让客户了解与明白购买产品可以得到的各种利益）

杨多：当然用过，纸质比布质便宜多了。

朱能：纸质的单价可能比较便宜，但就长期而言，比布质更昂贵。但 4—Disk 湿滚筒不会像您所使用的纸质套筒那样有裂缝、会伸张、会收缩。（应用 FABE 模式给客户进行比较的机会，同时应用 IDEPA 模式淘汰不宜推销的产品，刺激客户的购买欲望）

杨多：如何安装呢？

朱能：我为您准备了一份，让我们到您的机器上去试试。（AIDA 模式、

DIPADA 模式、IDEPA 模式都强调了进行示范的重要性）

他们朝着机器的方向走去，并叫来一名机器操作员。

朱能：您看，安装就是这么容易，只要把它置于机器中就可以了。这种套筒的单价虽然贵一点，但它无须清洗、坚固耐用，实际上是节省了不少费用，而且，即使印刷中遇有短暂的停顿，它也不会像纸张一样变得干燥。所以，我认为这款产品很适合贵公司使用。（应用 FABE 模式通过示范使客户看到购买产品后所能获得的好处和利益，让客户信服，同时应用 DIPADA 模式促使客户接受所推销的产品）

当然，最后的结果是杨多买了朱能推销的产品。

四、SPIN（思拼）模式介绍产品

SPIN 模式主要是建立在客户的需求上，通过推销员运用技巧提问客户所重视的问题，了解客户心理需求的发展过程，使客户明白购买产品的急迫性和重要性，并促成其购买。它是一种顾问式的推销方式。

SPIN 模式的四个步骤如下：

1. 利用情况性问题（Situation Questions）来了解客户的现有状况以建立背景资料库

推销员通过资料的收集，进一步导入正确的需求分析。此外，为避免客户产生厌烦与反感心理，对情况性问题的发问必须适度进行。

示例：

静音冰箱的柜台来了一个 30 多岁的少妇，推销员上前沟通。

推销员：您好，欢迎……您是新房买冰箱还是更换冰箱啊？

客户：更换冰箱……

推销员：那您是什么原因更换冰箱？

客户：以前冰箱太旧了，另外噪音也比较大。

2. 利用难题性问题（Problems Questions）来探索客户隐藏的需求

由技巧性的接触让客户透露出所面临的问题、困难与不满足，引起准客户的兴趣，进而营造主导权使客户发现明确的需求。

示例：（接上例）

推销员：哦，噪音大会影响睡眠是吧？

客户：可不是嘛。现在家里有一个小孩子，太吵睡不着；另外家里有老人，也睡不好。

3. 利用隐喻性问题（Implication Questions）使客户感受到隐藏性需求的重要性与急迫性

推销员列出各种线索以维持客户的兴趣并刺激其购买欲望。

示例：（接上例）

推销员：那孩子晚上睡不好，也会影响你们睡眠的。现在人工作压力很大，回家又不能好好休息，应该会影响你的工作状态。

客户：可不是嘛！

推销员：另外，噪音大影响老人和孩子，也不利于他们的健康。

客户：是的，现在孩子……，老人……，搞得我们很头疼。

4. 利于需求一代价问题（Need-payoff Questions）让客户产生明确的需求

一旦客户认同需求的严重性与急迫性，且必须立即采取行动时，推销员便应提出解决方案，并明确解决问题的好处与购买利益，以促成购买行为。

示例：（接上例）

推销员：那您一定得立即更换一台新冰箱，这台冰箱必须是超静音的。

客户：是的，不知道市场上哪种冰箱最安静？

……

当然，并不是所有推销情况都会遵照 SPIN 推销模式的发问顺序进行。例如，当客户立即表达明确的需求时，推销员可以立即提问需求一代价问题；有时候推销员在提问隐喻性问题以探索客户隐藏性需求的同时，需辅以情况性问题来获取客户更多的背景资料。

课堂演练

做一做

邵明是某教学设备厂的一位推销员，主推产品是一种新型圆规。这种圆规是教师用来在黑板上画图用的，厂家对其结构略微做了一些改造，将其中作为圆心的一端由原来的钉子改为橡皮头，这样有利于圆规在黑板上固定位置。

全班同学以四人为一组，帮助邵明想想如何用需求法中的一种或几种模式向客户推销圆规产品（可自行补充条件），然后写成情景剧并每组派两人上台展示，全部展示完毕后，比比哪组的设计最好。

评一评

一、用 DIPADA 模式介绍产品

采用 DIPADA 模式介绍产品时，帮助客户发现和界定需求是很重要的一环，邵明可以用提问了解法去帮助客户了解自己的需求所在。如：

邵明：现在老师上课都还要求写板书吧？

校长：是的。

邵明：要提高授课质量，板书就应该规范工整，您看对吗？

校长：当然。

邵明：老师在黑板上用圆规画圆时，通常会遇到什么问题呢？

校长：圆规固定脚太硬，不容易在黑板上固定……

……

邵明在帮助客户发现了自己的需求之后，就可以利用与 FABE 相似的模式推介自己的产品了。

二、用 IDEPA 模式介绍产品

采用 IDEPA 模式介绍产品，邵明可先简单介绍自己产品能给客户带来的好处，然后将重点放在示范操作上，俗话说得好："一次示范胜过一千句话"，不论你推销的是什么产品，只要你善于动手示范，通过某种方式，把产品的性能、优点、特色展示出来，使客户对产品有一个直观的了解，就更易于说服客户，促进产品的销售。

邵明在示范过程中，可以将传统圆规和自己的圆规进行对比示范操作，让客户直观地了解自己圆规的优点。在自己示范后，还要让客户亲自体验一下，这样才能让客户印象更深刻。这个环节是整个产品介绍过程的核心，一定要做好充分

的准备。

示范环节做好了，就要列举一些案例证明自己的圆规很旺销，并且最好采用周边学校的案例，然后一般就进入讨价还价和促成交易环节了（内容和方法详见其他章节）。

三、用 SPIN 模式介绍产品

SPIN 模式注重客户的需求，通过巧妙地发问，以客户关心的问题点为主轴，掌握销售主动权，把客户的思维引导到推销员所要表达的内容上来，最后展开建议性产品推介。如没有完全符合客户期望的产品，应迅速提出类似产品的提案，并在此基础上形成“连带销售”。如：

邵明：（事先调查）早上好，王校长，很高兴见到您。

校长：你好，有什么事吗？

邵明：（巧妙地切入话题）王校长，我是精锐公司的邵明。我今天特意来拜访您的主要原因是我看到了《××教育报》上有一篇关于您的报道。

校长：（好奇地）是吗？

邵明：这篇文章谈到您的教育理念是在教学质量考核中要突出对学生动手能力的考核是吗？

校长：是啊，社会对人的综合素质要求越来越高，我们不能只为大学输送书呆子。

邵明：王校长，在您这样先进理念的指导下，教师教学的压力应该不小吧？

校长：是啊，我们的教学科组、教师都很辛苦呀，但为了对学生和学校品牌负责，也只能这样。

邵明：是吗？那真是不容易啊。王校长，我注意到贵校的所有黑板报板书都非常精美，这是不是也是动手能力的体现呢？

校长：对，如果学生连字都写不好，那还谈什么动手能力呢。

邵明：确实是这样，那教师上课一定要起好示范作用写好板书，是吧？

校长：当然。

邵明：（进一步提出问题）那数学老师画几何图形也要亲自动手吗？

校长：对，图形画不好，教学效果会打折扣。

邵明：但数学老师要画好一个圆也不容易吧，因为教学用圆规的确不好用，是吗？

结果，邵明逐渐将谈话引到了自己要推介的圆规上……

悟一悟

将做一做环节的演练结果与评一评内容作比较。

思路异同：________________

方法异同：________________

各自利弊：________________

需要提高：________________

心得体会：________________

思考与练习

一、讨论思考

1. 需求法介绍产品的思路是怎样的？
2. DIPADA 模式介绍产品的步骤有哪些？
3. 在 DIPADA 模式中，发现客户需求的常用方法有哪些？
4. IDEPA 模式介绍产品的步骤有哪些？
5. SPIN 模式介绍产品的步骤有哪些？
6. 你觉得兴趣法、利益法和需求法有何区别和联系？

二、案例分析

1. 案例一

章强：王主任，您好，听说咱们公司的产品在市场上销售得特别好，主要都是销售到国内吗？

王力：不完全是国内，也有 20% 左右是出口的。

章强：公司产品走向了国际，销量又这么好，那咱们一年的销售额大概是多少呢？

王力：大概5亿多元吧，每年都以30%的速度增长。

章强：是销售额吗？

王力：是的。

章强：咱们公司费用主要有几方面的支出啊？

王力：主要是原材料、人员工资、办公费用、水电费等。

章强：是啊，这几项支出都蛮大的，贵公司工厂的电费一年大约是多少？

王力：800万元左右。

章强：哇，这么高，贵公司工厂没有安装节电设备吗？

王力：没有。

章强：电费的开支在你们运行成本中占多大比例啊？

王力：除去原材料和人员工资以外，就是电费，居第三位。

章强：除了电费惊人，您是否注意到7月、8月、9月三个月的电压也不稳？

王力：的确是这样，工人们反映那几个月电压有时偏高，也有时偏低，不过这种情况并不多。

章强：民用高峰期电压不足、电压偏高对你们费用的支付意味着什么？

王力：那肯定会增加我们实际的使用量，使我们不得不支付额外的电费。

章强：除了支付额外的电费，电压偏高或不稳对你们的电机有什么影响吗？

王力：电压高和不稳会缩短电机使用寿命，增加维护和修理的工作量和费用。严重的可能直接损坏设备，使生产不能正常进行，甚至全线停产。

章强：有没有因电压不稳而损坏设备的情况发生，最大的损失有多少？

王力：有，去年发生了两起，最重的一起是烧毁一台大型烘干机，直接损失就达50万元。

章强：如此说来，节约电费对你们工厂控制成本非常重要了？

王力：是呀，节流就是增收。

章强：是啊，这么多问题也够您烦的了，我这里有一份既节约电费又能稳定电压的解决方案，提供给您，不知您感不感兴趣？

王力：可以呀！

问题：

（1）这是个应用SPIN模式的案例，请分别指出这个案例中的S、P、I、N

部分内容。

（2）你如何评价章强在介绍产品过程中的表现?

2. 案例二

美国有一个自行车厂家，生产的自行车比别的厂家贵一些，要180美元，其他厂家只要150美元。贵的原因是厂家从安全的角度考虑，在刹车方面做了特殊的设计，造价比较高。该厂家的自行车销售了很久，业绩并不好。厂家为此找了一家咨询公司，想知道为什么自己的产品打不出市场。咨询公司经过了解，知道该厂家的产品确实比别的厂家优越，也知道其为此付出的成本要高，因此不能降价，必须维持原价。通过调研，咨询公司给该厂家制定出了一个销售模式，就是让所有门店的推销员在推销这种自行车时，向客户提出三个问题：

第一个：您觉得一辆自行车什么东西最重要呢?是不是安全最重要?（这句话既包括问题也包括答案，这样设计的原因：一是防止客户一下子答不上来，出现困惑感。二是防止答案与推销策略不符合，达不到引导效果）

客户会说：是呀，当然了。

第二个：那么什么东西最影响自行车的安全呢?是不是刹车?

客户会说：是呀，是刹车。

第三个：您觉得一辆自行车大概能使用多久呢?3年、5年、7年?

客户会说：最少用3年吧。

推销员：好，我们以最少3年来算，我们的自行车比别人的贵30美元，也就是每年比别人多花10美元，一年有12个月，每月只多花了不到1美元，您就买了辆安全、耐用的自行车了。您看这多值得呀！而且这辆自行车的使用寿命会更长，这样算下来，您一个月只要多花几角钱就可以把车骑回家了。

这样一来，果然销路大增。可见同样的产品、同样的价格，在不同的推销方式下，会产生不同的推销效果。

问题：

（1）你认为该案例应用了哪种产品介绍模式?理由是什么?

（2）为什么在设计问题时要给出备选答案?

三、情境模拟

背景资料：吕周是某机器人（在高温、高热、脏乱等艰难环境中代替人工工作）的推销员。

任务：请你用需求法的一种模式为吕周撰写一份产品推介过程的情景剧（可自行补充条件）。

模块四　报价议价

推销员在让客户对产品有了初步了解之后，往往会面临客户的询价，如果客户对产品没有其他方面的疑问，此时议价就会成为双方洽谈的主题。在推销过程中，报价议价技巧起着很关键的作用，有时仅仅因为报价时机、地点、方式不对就前功尽弃，或者因为议价技巧欠缺，导致推销陷入困境，从而功亏一篑。

学习目标：

1. 掌握合理运用报价策略的技能
2. 能运用议价谈判策略和技巧争取自身最大利益

课题一　合理报价

小玉逛街时进到某服装店铺，她见到一件红色羽绒服，仔细摸了一会儿觉得做工还不错，于是问店老板："这件羽绒服多少钱？"店老板一边走过来取下羽绒服，一边微笑着顺手递给她："您愿意出多少钱呢？您先试穿一下，买不买没关系。"

阅读案例，思考以下问题：

* 为什么要重视报价？

* 你认为在报价时要考虑哪些因素？

* 你觉得应如何报价才能保证自己获得尽量大的利益？

一、合理报价的重要性

报价是推销洽谈中很重要的一个环节，它直接关系到交易能否进行下去以及利润率的高低。一个恰当的报价，既要吸引住客户，又要预留合适的谈判空间，还要能给自己带来理想的利润。如果推销员不熟悉本行业情况，或者急于求成，又或者没有搞清楚客户的真实情况，抑或不知道要根据不同的客户情况进行报价，就会由于报价的不恰当或不准确，造成客户反感而使洽谈破局或虽然拿到订单但利润不理想等后果。

二、影响报价的因素

1. 产品成本

只有产品的卖出价高于它的成本价，产品出售才有利润。作为推销员，熟记产品的成本价是个基本功。在报价时，除非是下定决心为了获得某次成交机会或者处理滞销品，正常情况下都要在成本价上预留一定的空间。

成本价是指企业取得存货的入账价值，取得存货主要通过外购和自制两种途径，无论哪种途径，凡与取得存货有关的支出，均应计入存货的历史成本或实际成本之中。

2. 客户的心理承受能力

推销员对产品或服务的报价有一个重要的参考点，那便是客户对这种产品或服务的心理承受能力及这种产品或服务的习惯价格。报价过高会吓跑客户，或让客户觉得你没有诚意；报价过低，会使客户对产品或服务质量产生怀疑。因此，推销员在报价时要充分了解客户对这种产品的习惯认识和心理承受能力。

3. 市场行情

俗话说："店大欺客，客大欺店。"当市场行情好的时候，产品销路旺盛，卖方的产品库存不多，卖方便占有一定的心理优势，此时就有了将价格报高一些的底气，反之亦然。

4. 主要竞争者价格

提高自己产品的市场占有率是企业和推销员必须充分考虑的事情，因为只有不断提高市场占有率，才能拥有更多的客户数量，才能使产品有更多的辐射力和影响力，才能为推销的长久繁荣打下基础。对眼光长远的推销员来说，在与主要竞争对手较量的过程中，即使不能在生意中赚钱，也不愿丢失客户，并且要努力"开疆扩土"，所以，在报价时就要尽量获悉主要竞争者的价格信息，并将它作为重要的参考依据。

5. 客户的需求特点

推销员在报价时，还要充分考虑客户的需求量大小、是否长期需求、需求是否紧迫等特征。对需求量大的"大客户"和有长期需求的"老客户"来说，报价通常可以低一些；而对要货较急的客户来说，要获得低价就没那么容易了，推销员通常会报一个相对高价。

6. 客户的心理特征

不同客户在能力、气质、性格方面存在差异，有经验的推销员能敏锐地捕捉到这些差异特征并灵活地运用相应的报价策略。

在能力差异方面，可根据客户对产品知识掌握的程度来将客户划分为成熟型、一般型和缺乏型三类。在气质差异方面，通常将客户划分为胆汁质、多血质、黏液质和抑郁质四类。在性格差异方面，从消费态度角度可以将客户分为节俭型、保守型和随意型三类；而从购买行为方式角度可以将客户分为习惯型、慎重型、挑剔型和被动型四类。

三、报价的策略

1. 促客报价

面对询价的客户，有经验的推销员会先弄清楚询价者是否是实客，再努力摸清客户的需求情况，并反客为主，设法让客户先报价。如问：你需要哪个档次和规格的产品？你需要采购多少？你想花多少钱来采购？我们的产品有四大系列五十多个规格，价格从 100 元至 1 500 元不等，请问你要哪个款式？

2. 积极价格

经验表明，产品以及其他条件越能满足对方的要求或主观愿望，对方就越觉得你的产品价格便宜，这个价格就是积极价格；而如果对方对产品及有关条件都很不满意，那么这个产品价格一定是昂贵的，这个价格就是消极价格。例如，学者花 80 元钱买一双鞋子觉得贵，但买 1 本书却不以为然。再如，爱美的女士愿意花 200 元做一个发型，但却不愿意花 200 元买一个球拍。

有经验的推销员，若非对方坚持即时报价，通常先让对方充分了解产品的使用价值和为对方带来的实际利益，待对方真正对产品产生兴趣后再进行报价，这样做的目的就是将消极价格转化为积极价格。

3. 高位起价

谈判者都有一种要求得到比他们预期得到的还要多的心理倾向。心理学研究结果表明，若卖方开价较高，则双方往往能在较高的价位成交；若买方出价较低，则双方可能在较低的价位成交。所以，作为卖方，报价起点要高。

4. 心安理得

无论采取口头或书面方式报价，都必须十分果断、肯定、明确，要表达出不能再做任何变动和没有任何商量余地的气势，并坚持不对报价做出解释的原则。切忌使用“大概”“大约”“估计”等含糊的词语，因为这会使对方感到报价不实。若对方以第三方的出价低等为由提出异议，应毫不介意地明确告诉对方“一分钱，一分货”，只有在对方表现出真实的交易意图时，为表明至诚相待，才可在价格上开始让步。

5. 差别对待

同一产品，因客户性质、购买数量、需求急缓、交易时间、交货地点、支付方式等方面的不同，应给予差别对待而报出不同的价格。

6. 对比报价

在报价前，向对方抛出有利于本方的多个商家同类产品交易的报价单，设立一个价格参照系，然后将所交易的产品与这些商家的同类产品在性能、质量、服务与其他交易条件等方面做出有利于本方的比较，并以此作为本方要价的依据，可以增强报价的可信度和说服力，这种策略一般有很好的效果。

7. 分割报价

买方都有求廉心理，卖方报价时，可以将产品的计量单位细分，然后按照最小的计量单位报价，并且尽量不报整数价，让买方产生心理上的便宜感，从而易于接受。

这种策略通常有如下做法：一是用较小的单位报价，如将茶叶每千克 195 元报成每两 9.8 元；二是用较小单位产品的价格进行比较，如“每天少抽一支烟，就可订一份 ×× 报纸”。

课堂演练

做一做

假设你在一家门店做计算机推销员，对于一款中高档配置的主流计算机，价格底线是 3 600 元。在和下列客户洽谈时你会如何报价？并简述理由。

1. 一个背着计算机包戴着近视眼镜的二十多岁的年轻人慢悠悠地踱过来，手里拿着一份最新的《计算机报》。

2. 一对六十多岁衣着较考究的夫妇牵着一个十岁左右的男孩走过来，老人提着一个生日蛋糕，男孩一脸兴奋的样子。

3. 一位四十多岁全身名牌的老板模样的男子行色匆匆地快步走过来。

4. 一对衣着朴素、整洁的三十岁左右的夫妻不紧不慢地走过来，妻子手里面拿着各式各样的计算机报价单。

5. 朋友介绍来的某管理咨询公司行政部经理，需要为公司采购一批计算机。

评一评

在上述报价实例中，推销员可以采用如图 4—1—1 所示步骤，灵活地报价。

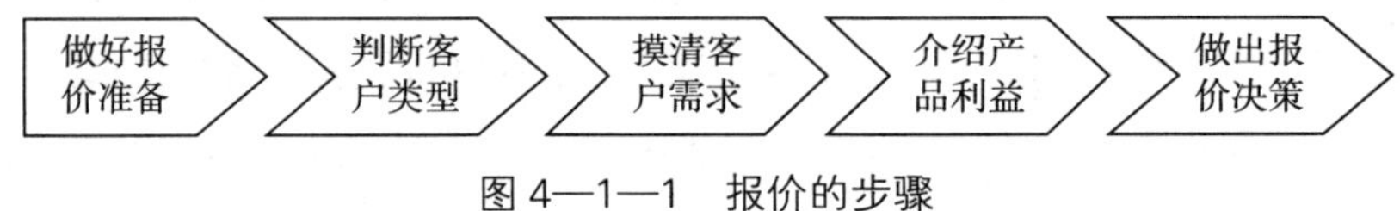

图 4—1—1　报价的步骤

一、做好报价准备

如前面章节所述，知己知彼是推销员成功的必备条件，为此必须：

1. 熟记自己所有产品的报价及产品特点。

2. 熟悉竞争对手产品的价格及产品特点（优点、缺点、主要卖点）。

3. 尽量多地掌握客户的需求特点及心理特征（如果是老客户或计划中拜访的客户的话）。

二、判断客户类型

1. 从行动（如走路等）节奏和面部表情等判断客户的购买类型

脚步较急、干净利落、行色匆匆、表情严肃、语速较快、直奔主题的客户，其购买目的性强，往往急于成交，对他们可适当报高价；而漫不经心、四处游逛、表情轻松、不紧不慢、多家比较的客户，应先引起他们对产品的兴趣，然后再对他们报出较实在的价格。

2. 从贴身用品及穿着打扮等判断客户的消费性格类型

刚接触客户时，推销员应不动声色地迅速观察对方的衣着打扮及贴身用品，以判断对方属于节俭型、保守型还是随意型客户。

节俭型客户崇尚节俭，讲究实用，对他们一般应报较实惠的价格，推销重点应突出产品的实用性和实惠性。保守型客户办事严谨，生活方式刻板，性格内向，不愿冒险尝试新产品，对他们报价应随行就市，推销重点应突出产品被多数人采用且稳妥可靠。随意型客户性格洒脱，随遇而安，选择产品多样化，受外界环境及广告宣传的影响较大，对他们报价应随机应变。

3. 从行为和语言等判断客户的气质类型

善于交际、有较强的灵活性、观察敏锐、反应敏捷、兴趣常发生变化的客户属于多血质型。喜欢标新立异，追求新颖奇特、具有刺激性的流行商品，一旦有需要便干脆利落，不善比较，缺乏深思熟虑的客户属于胆汁质型。冷静谨慎、细致认真、善于控制自己、不易受外界干扰也较少受他人影响的客户属于黏液质型。行为拘谨、拖泥带水、谋而不断、对周围事物很敏感的客户属于抑郁质型。

多血质型和胆汁质型客户比较主动、冲动、果断和豪放，一般来说，对他们报价时可适当报高些而不会引起洽谈破局；黏液质型和抑郁质型客户比较被动、敏感、理智、犹豫，一般来说，对他们报价时应注意价格适当，如果引起他们的反感，洽谈很容易破局。

4. 从对产品的神态、体验操作、提问等判断客户的能力类型

成熟型客户对产品的性能、质量、价格、市场行情、生产情况等方面的信息都极为熟悉，对他们报价要实在。

一般型客户通常具备一些产品方面的知识并掌握有限的产品信息，但是缺乏相应的消费经验，主要通过广告宣传、他人介绍等途径来了解和认识产品，对他们报价应预留还价空间。

缺乏型客户不了解有关产品知识和消费信息，而且不具备任何购买经验，对他们可报高价。

三、摸清客户需求

1. 问需求用途等，摸清客户是否实客

一般客户问价主要源于两个目的。第一，真心想买，问价是想了解一个还价的基数；第二，可买可不买，借询问价格之机了解有关该产品的价格行情，也就是“探虚实”。

针对这种情况，推销员首先应该注意观察客户的言行，留意客户所提的每个要求，抓住要害，加以分析，快速地做出判断，并抓住机会反客为主，通过询问客户购买产品的用途等摸清客户的真正目的，以此决定自己该不该对其报价以及报什么价。

2. 问客户预算，摸清客户期望价格

主动探询客户想买什么价位的产品，以尽量促使客户先报价。对那些预算明确的客户，在相应档次的产品中推介利润率较高的产品；对那些没有明确预算的客户，则尽量从主流高档产品开始推介。

3. 问型号、规格、技术参数等，摸清客户是否为行家

一开始跟客户接洽，便可主动询问客户的需求特征，并对于客户是否为内行快速做出判断。对那些不懂产品又不知价格行情的客户，可报高价，留出一定的还价空间；对不知具体某一产品价格情况，但知该行业推销各环节定价规律的客户，应适度报价，在情在理；而对那些知道产品具体价格，并能从其他渠道购买到同一产品的客户，则应在不亏本的前提下，尽量放低价格，先吸引住客户。

4. 问需求数量，摸清客户购买实力

主动询问客户时，还要试探客户的购买数量，以判断客户的实力。对那些购买数量较大又经常重复购买的客户，应以实惠价吸引他们；反之，则可适当报高价。

5. 问交货时间及条件，摸清客户决策快慢

主动询问客户时，还要探询客户的交货时间及条件，以判断自己成本的高低。对那些交货时间较急及交易条件较复杂的客户，应报高价；反之，则可适当优惠。

四、介绍产品利益

1. 突出产品优势或特色

向客户介绍产品的工艺水平、质量、独特的卖点等。

2. 突出得力的后续支持

主要向客户表明产品的相关广告宣传攻势强、从上到下各种媒体均有覆盖、促销政策到位、礼品配送及时等。

3. 突出周全的配套服务模块

向客户表明购买产品可享受免费咨询服务、送货上门、安装调试、终身保修等比较完善的售后服务。

五、做出报价决策

在综合了解客户的情况之后，就可针对不同类型的客户报出不同的价格，但要注意尽量运用以下技巧。

1. 对老客户和行家，应该报实价；对其他客户，报价应留出一定的还价空间。

2. 讲究报价方式，应注意三点：化整为零、化大为小、尾数报价（保留价格尾数上的零头）。

3. 先发制人，堵住客户讨价之口。在洽谈价格之前推销员可以向客户言明，供货价格已经“定死”，并且因为种种原因不能下调，希望对方能理解。把“丑话说在先”，收到先发制人的效果。

4. 爽快、干脆利落地报价，让对方感觉到你的价格是稳定一致的。

综上所述，在“做一做”的几种情况中：第 1 种情况的客户很可能是行家并且性格多属于黏液质型，宜先探其是否为实客，若为实客再直接报实价；第 2 种情况的客户性格多属于多血质型，对计算机不太懂行，买计算机多是当作孩子的礼物，其需求真实且较急迫，具有较高的消费能力，可推荐较高端配置型号的计算机并适当报高价；第 3 种情况的客户性格多属于胆汁质型，对计算机不太懂行，其需求真实且急迫，具有较高的消费能力，可推荐高端商务型号的计算机并适当报高价；第 4 种情况的客户性格多属于黏液质型，可能较懂行，消费能力一般，善于货比三家，对价格敏感，宜在探其需求的基础上再推荐性价比较高的型号并适当报低价；第 5 种情况的客户可能较懂行，需求量大，对价格不一定特别敏感，但具有较高的谈判技能，宜深摸其需求，再根据其需求推荐性价比较高的型号并适当报高价。

悟一悟

将做一做环节的演练结果与评一评内容作比较。

报价理由：____

报价结果：____

思路异同：____

需要提高：____

心得体会：______________________________

思考与练习

一、讨论思考

1. 在报价时如何认识“薄利多销”这一传统的商训？
2. 让买方先报价有哪些好处？
3. 卖方“狮子大张口”地开高价有哪些好处和弊端？
4. 对有不同心理特征的客户，应如何报价？
5. 在报价时，具体要考虑哪些方面的因素？

二、案例分析

某经销商为要求增加销售额返点（厂家按销售额的某百分比给予经销商奖励）向厂方提出了一份书面申请。两天后，厂方销售经理约该经销商谈话，令经销商吃惊的是，经理花很长时间向他说起了双方的合作情谊及公司的生产成本情况。反常的对话令他措手不及，为了争取时间考虑对策，他要求经理将自己的书面申请拿过来再看看。一看之下他惊讶地发现，自己在打字时出了差错，将本想要求返点2%误打成了8%，难怪经理如此反应了。

问题：

1. 你认为厂方经理如此反应的原因和目的是什么？
2. 如果你是那位经销商，接下来你会怎么做？

三、情境模拟

背景资料：你是一家中型饼干厂的推销员，某天去拜访一家超市的采购经理，目的是将自己企业的饼干打进该超市。由于前期做了工作，你已探明超市对产品有采购意向，能否成功的关键问题就是价格能否达成一致。

任务：以3~4个同学为一组，先讨论设计一个推销员与采购经理报价洽谈的情景剧，然后每组派出两位同学分别扮演推销员和采购经理进行情境演练。

课题二　议价谈判

客户：可以三个展位算两个吗?

推销员：我们的展示会非常大型，不还价!

客户：薄利多销嘛。

推销员：我们是大型正规公司，统一定价!

客户：后天就是展期了，现在还有那么多空位。你们难道愿意将展位空在那里吗?

推销员：对不起，我们不还价。

结果，展示会如期召开，全场大约有八分之一的空位。

阅读案例，思考以下问题：

*你买东西时有讨价还价的习惯吗?

*你如何看待推销过程中的讨价还价行为?

*你通常会运用哪些议价策略和技巧?

一、议价的必要性

对推销员来说，议价不是可有可无，而是有必要，并且要很认真地对待的。首先，要费劲去“推销”的产品都是供大于求的，都面临着非常激烈的竞争环境，企业和推销员采取太强势的议价策略只会赶走客户；其次，俗话说“谈生意”，生意是“谈”成的，没有一个“谈”的议价过程，买方会觉得自己很吃亏，生意的成功概率很低；最后，通过艰苦的议价后再成交，买方会通过卖方的认真态度，而相信卖方说的都是实在话，并认定物有所值，同时也认为自己战胜了对手，从而产生一种成就感和满足感。

二、议价策略和技巧

1. 严防死守

在报价完毕后，推销员要努力回避讨价还价的局面出现。应注意做到：对报价要有充分信心，要表情坚定，不让对方有还价的念头；除非客户携带足够现金及支票并有购买决定权，否则不作“议价谈判”。

2. 掌控信息

推销员要想在议价中取得主动地位，就必须掌握充分的信息。首先要想方设法了解客户的需求量、需求特征、底价、客户对产品的真实态度、客户的决策机制及权限等情况，还要对行业内竞争对手的实力、政策、价格及产品特征等了如指掌，通过清晰的利弊和价格对照，努力促成推销员希望的价格。

3. 权力有限

推销员遇到对方咄咄逼人的议价攻势时，可以采用“权力有限”策略，表明自己不能做主改变价格，并让对方明白你有心无力的难处，尽量化解对方的攻势。

4. 悲情攻势

买方要求还价，推销员也可以仔细跟买方算成本明细账，并述说自己做生意的难处，让买方理解自己的价格形成依据，激发对方的同情心，利用感情攻势化解对方的议价请求。

5. 沉默是金

当买方试探性提出议价条件时，推销员忠厚老实、听而不闻的样子，可以产生一种“此时无声胜有声”的效果，让买方觉得自己的要求不太合理，从而知难而退，自觉降低要价的幅度。

6. 借力打力

买方要求议价，推销员并不直接应对，而是转移焦点，将话题和注意力引向诸如产品品牌、质量、技术、特色、畅销情况、用户反馈等方面，从而通过声东击西的方式，借产品在其他方面的“给力”，打掉买方要求降价的“压力”。

7. 红脸白脸

遇到买方还价时，推销员有时可以借助己方上司或同事扮演“白脸”角色，而自己充当“红脸”角色。“白脸”持不肯让步、没有商量余地的强硬态度，而“红脸”则做“好人”进行周旋，往往可以在相当程度上化解对方的还价压力。

8. 五五让步

有经验的推销员，遇到还价较坚决的客户，在不做出让步就可能会使洽谈破裂的情况下，会向对方提出一定的要求，将己方的让步建立在对方的某些承诺或让步的基础上，如反问对方是否能马上签合同或双方各让一步取中间价等条件，以避免自己单方面让步的损失。

9. 有理有据

在不得已需要做出价格让步时，有经验的推销员会将让价作为一种促销手段，也就是化被动为主动，为自己找出一种合情合理的让价理由，并充分表达出是自己“愿意”给买方优惠，而不是被逼无奈才让步，这样才能使自己进退有据。

课堂演练

做一做

你在一家房地产中介公司做推销员，日常工作中很重要的一部分就是为委托者销售房子。现在你负责一套二手房的销售，业主很精明，他明确和你公司约定：报价 63 万元，底价 58 万元，买卖双方各自承担相应的税费及中介佣金费，最终实际成交价高于底价的差额部分，另各付 3% 酬劳费给中介公司和推销员。显而易见，你希望该房子能以一个尽量高的价钱成交，这样你的报酬才会较高。

买卖房子是单大生意，买家一般不会轻易做出购买决定，一场场艰苦的议价“较量”将会在你和有意向的买家之间发生。

你做好“较量”的准备了吗？你如何去赢得这场“较量”？

以 2 个同学为一组，设计自己的议价思路和方案。

评一评

在上述议价实例中，推销员可以采用如图 4—2—1 所示步骤灵活地议价。

图 4—2—1　议价的步骤

一、准备工具

推销员的准备工作做得好与否，是衡量其职业能力的一个重要标志。一般来说，房地产推销员通常要准备的议价工具如下。

1. 名片、行情表、房子信息（楼层、楼龄、户型、采光情况、通风情况、装修情况等）及相关房源信息本（以便供买家作选择和比较）。

2. 文宣资料、周围环境（交通、学校、医院、超市、公园、小区管理、停车位等）介绍材料或简图等。

3. 计算器、纸、笔。

4. 看房确认书。

5. 客户报价委托书、钥匙等。

6. 房产证复印件、房子平面展示图。

二、建立信任

由于买方处于信息极度不对称中的弱势者地位，在买卖房子这件大事上，他们往往有着各方面的疑虑，如果推销员不能在刚一开始接触时就让买方产生信任，在接下来的议价过程中就会事倍功半。因此，推销员首先要让买方感觉到自己是可被信任的。

建立信任感的方法是：一定要让买方觉得被尊重和被欣赏，并站在买方的角度仔细地探询其需求，不仅仅在口头上向客户展示“一切为了使您满意”的理念，具体的实际行动更重要。

建立客户信任可按表 4—2—1 所示步骤进行。

表 4—2—1　　建立客户信任的步骤

序号	名称	解释
1	树立真诚可信的形象	第一印象很重要，得体的穿着、专注的表情、稳重的言辞、有信誉的承诺是取得客户信任的一个强有力的因素
2	认真仔细地倾听	客户更倾向于信任那些尊重他们个人以及他们意见的人，因为客户总是认为，那些认真倾听他们的人更清楚问题的症结在哪里，能更好地帮助他们
3	适时真诚地赞美	赞美有助于营造一种良性的互动气氛，有助于与客户建立积极的关系，使彼此之间更接近并产生信任感
4	不断地表示认同	一个没有安全感的客户是不可能信任推销员的，通过不断地认同客户，推销员可以逐步消除客户的敌意和戒备心，并让其建立起安全感
5	与客户的语速保持一致	从语言和肢体动作上去模仿客户、配合客户，表明你在价值取向上与他保持一致，就更容易获得客户的认同与信任
6	彻底了解客户的需求	推销员必须牢记以客户为导向。要换位思考，站在客户的角度分析问题，帮助客户解决问题，要花较多的时间了解客户的需求。只有以客户为主才能更好地建立信任感
7	熟知产品，热情耐心地解答疑问	由于资讯的发达，如今的客户往往具备较丰富的产品常识，他们更希望获得对购买决策的专业建议和有效解决方案。推销员必须能帮助客户解答疑问，以此建立客户信任
8	使用客户的见证	有效的客户见证即通过第三者来替你发言，可以帮助推销员快速提高客户的信任度。使用客户见证的方法包括：老客户现身说法、名人见证、使用照片、使用产品统计数字、客户名单、自己的从业资历、自己获得的声誉及资格、自己所服务过的客户总数等
9	有说服力的典型客户案例	“事实胜于雄辩”，用好成功案例能为推销员建立客户信任发挥关键作用。案例要尽量典型和详尽，如包括客户名称、公司背景、产品使用情况、联系部门、相关人员、联络电话及其他说明等

三、展示信心

在议价过程中，双方都会不断试探对方的价格底线，这是一场“智力 + 心理”的较量，当推销员情绪积极、精神饱满、充满信心时，就容易获得价格谈判的优势地位。

在客户要求议价时，推销员一定先要用各种理由来坚持报价不动摇，一方面可试探客户做生意的诚意，另一方面可以有效封杀议价空间，并增加客户“最终成交价格来之不易”的体验，提高客户的满意度。

具体到“做一做”的任务，坚持报价的理由可以如此陈述：

1. 比较行情，已很便宜。
2. 有客户谈过某价，业主不卖。
3. 此价已是业主最后底线。
4. 业主换楼或出国等原因，才有这个实价。
5. 行业在涨价，业主可能会跟进加价。
6. 千金难买心头好。
7. 有竞争对手报虚价。

四、寻求理解

通常情况下，客户会对产品吹毛求疵，指责产品价格太高。客户的这种行为无外乎基于以下四种原因：一是表示自己很有眼力，证明自己的知识和智慧；二是为要求减价寻找借口；三是因为价格太贵，以此作为不购买的理由；四是对产品本身的确有疑虑。

推销员应针对客户行为进行分析，区分对待并寻求对方的理解。具体方法可参考表4—2—2。

表4—2—2　寻求客户理解的方法

名称	解释	举例
实话实说法	面对计较价格的客户，推销员一开始就充分阐述价格的公道性，通过心理暗示使对方安心而不再压低价格，然后请求客户帮忙介绍客源，使客户保持兴趣继续商谈或决定购买	客户：这款导航仪怎么比网上报价高出100多元呢？ 推销员：先生，您看到的信息可能是××网搞秒杀活动的促销价，这种价格我们进货都进不到呢？说真的，现在竞争太激烈，价格太透明，我们一台导航仪就能赚20多元，还有水电、人工、房租、运输、服务、税务等开销。我保证您在我们这里拿到的价格都很实惠，因为我们是薄利多销，唯一希望的就是您购买后能帮我们多介绍一些客源。
预先设计法	在同客户洽谈价格问题的时候，拿出事先准备好的对策，摆出证据，说出充分的理由，让客户相信物有所值或者物超所值 如：尽量让客户亲身感受产品的品质和价值，展示与产品相关的图片、资料、权威性证明材料，提供增值服务，并实现所有承诺	客户：那也太贵了吧！ 推销员：是稍微贵了一些，不过××砖是采用纳米抛光的最新工艺，致密度和光泽度都很高，而且防污、防滑性特别好（让客户在上面走走试一下）。我们有自己的多项专利技术，还是国家名优产品（展示证书等）。 客户：再便宜点！ 推销员：我们的砖不论从厂家规模还是产品质量，在业内都是得到专家与用户认可的，但价格却是中等价位，这已经是实价。看您真有心购买，就为多认识一个朋友，我可以向经理申请赠送一套安装工具给您。

续表

名称	解释	举例
卖点凸显法	推销员在推销过程中，为使客户接受价格，结合客户的核心利益点，突出介绍产品的最独特优点（核心卖点）并进行证明或说明，使该优点成为影响客户决定购买的最大因素	推销员：谁都不希望刚建好的房子住不了几年就漏水是吧，但是，地基都会缓慢地不均匀自然沉降，因而房子的楼面和墙面不可避免都会有些变形。市面上的防水剂都是缺乏韧性的，在楼体变形后就会形成断裂带，从而让水渗漏。本公司的 ×× 防水剂是国家专利产品，具备超强的韧性，能保证与房子寿命一致的防水效果。
设身处地法	推销员设法让客户知道：只有客户满意，才能成为回头客，自己的利益是与客户联系在一起的。正因如此，推销员站在朋友的立场，为其出谋划策充当参谋，实事求是地阐释产品本身对客户的价值和利益，就容易得到客户的认同	推销员：王经理，您需要经常接待客户，一定希望能让客户坐得更舒服些，也肯定希望能体现出公司的形象和实力。如果我是您的话，宁肯一次性多出几万元，买一款与自己的身份和实力相称的车，在生意往来中，既能增添客户对自己实力的信心，在日常生活中，又不会太亏待自己……
借用外力法	对那些纠缠价格不放的客户，推销员可以借助领导或者主管的帮忙，把这种较为棘手的价格问题转移给领导，或者通过争取来之不易的价格优惠条款，体现自己付出的努力和难处，让客户产生愧疚、感谢或补偿的心理	推销员：王经理（推销员的上司），李先生要求 50 万元成交，行吗？ 王经理：什么？这样的价格你都接受？你为了冲销售定额就连佣金都放弃了？你可以放弃佣金，但公司也不能做赔本的生意呀！ 推销员：李先生，您看，我真的很想促成这单生意，因为我本月的定额还没完成，但您开的那个价钱领导根本没法接受，要不您做个姿态，就加个 8 000 元，谢谢您啦！
以退为进法	当客户以产品或者服务的某处不足为理由，要求在价格上做出让步时，推销员可以先肯定对方意见中非实质性的内容，降低直接对抗的程度，然后再借机顺势表达自己不同的看法，并根据客户的态度逐渐改变还价策略	推销员：正如您说的，我们的产品知名度的确不高，因为我们没有在广告宣传上做更多的资金投入，我们将大部分资金都用在产品研发、技术更新和质量管理方面，毕竟企业真正长久的生命力在于客户对产品质量的认可和对技术的赞赏。我们产品的质量和技术都是走在行业的最前沿，我们在老客户中的美誉度非常高。您看，这一系列的荣誉证书和感谢信就是对我们的充分肯定。

五、合理让步

在与客户议价的交锋中，如果经过艰苦的讨价还价，价格谈判僵持不下或谈判即将破局之时，如果客户要求的价格仍在内部控制的价位以上，推销员应衡量得失，必要时做出“有点、有理、有利、有节”的适当让步。

让步的知识与技能参见表4—2—3。

表4—2—3 让步的知识与技能

名称	内容与解释
让步定理	1. 开价较低的买方，通常也能以较低的价格买入 2. 让步太快的卖方，通常让步的幅度积累起来也大，成交价也较低 3. 小幅度地让步，即使在形式上让步的次数比对方多，其结果也较有利 4. 在重要的问题上先让步的一方，通常是最终吃亏的一方 5. 如果将自己的预算告诉对方，往往能使对方迅速做出决定 6. 交易的谈判进程太快，对谈判的任何一方都不利 7. 要么不让，要么大让者，失败的可能性也较大
让步原则	1. 有点：明白双方的核心利益所在，尽量迫使对方在关键问题上先行让步 2. 有理：让步不是因为对手的压力或要求而致，而是自己主动做出并有充分的理由 3. 有利：不做无谓的让步，每次让步都需要对方用一定的条件交换 4. 有节：每次让步的幅度不能过大，并让对方意识到你的每一次让步都是艰难的
让步时机	1. 让步过早：进一步抬高客户的期望，让他们以为只要再坚持一下，推销员就会继续让步；如果推销员继续轻易让步，就会使自己处于很被动的地位 2. 让步过晚：失去应有的作用，对控制谈判结果影响不大或不产生任何影响 3. 适当时机：让步的主要部分应放在成交期之前，以影响成交条件，而处于次要的、象征性的让步放在最后时刻，作为最后“甜头”，以提高客户的满意度
让步技巧	1. 不做均等的让步（买方认为推销员仍然还会让步） 2. 不要做最后一个大的让步（买方认为推销员不老实或无诚意，乱开高价） 3. 不要因为买方要求你给出最后的实价就一下子让到谈判底线（买方认为这不是真的底线） 4. 正确的让步方法：逐渐缩小让步幅度，暗示你已经竭尽全力 5. 为了在关键问题上获得客户认同，可以以退为进，先在细枝末节的小问题上主动让步 6. 不要自我设限，不要轻易相信对方声称某个问题不能妥协 7. 让步不要表现得太清楚，不能让对方看清楚你的目标所在 8. 牢记自己让步的次数和大小，做好记录，必要时向对方强调这一点

悟一悟

将做一做环节的演练结果与评一评内容作比较。

议价思路：____________________

议价结果：____________________

思路异同：____________________

需要提高：____

心得体会：____

思考与练习

一、讨论思考

1. 在哪些推销状况下，可以不接受客户的议价要求？

2. 常见的议价策略和技巧有哪些？

3. 在与客户议价过程中，取得客户信任为什么很重要？建立信任有哪些方法？

4. 在与客户议价的过程中，寻求客户理解的方法有哪些？

5. 在议价过程中让步时，推销员应注意哪些技巧？

二、案例分析

甲：

客户：产品的售价可以降低一些吗？

推销员：您准备要多少？

客户：我想先要一箱。

推销员：如果是只要一箱的话，我们很难集中送货。

客户：那怎么办？目前这个价格我是不可能接受的。

推销员：您也知道，一箱货确实不多，价格太低的话我们就很难做了。我想眼下只有一个办法，您看这样好不好，如果您可以自己提货，并且现在决定带走的话，那我们可以在原来的价格基础上再……

乙：

推销员：您觉得还有哪些问题？

客户：我主要是觉得产品的价格太高，如果你能将价格调低一些，我会认真考虑的。

推销员：这样吧，每件产品我再降30元，这是最低价，不能再降了。

客户：这个价格也不低，能再降一些吗？

推销员：我计算一下……最多只能再降 5 元，再多就真的不能了……

客户：你看，我一次要 500 件的货，合作后还会经常进货，你就给个最实在的价吧！

推销员：……再便宜 2 元钱，这已是我的极限！

客户：你们通常在付款方式上有什么要求？

推销员：先预付一半，另一半货到即付。

客户：我恐怕做不到这一点，因为我现在没有那么多现金，货到 3 个月后一起支付可以吗？

推销员：对不起，公司一直没有这样的先例，而且我也没有这样的权力……

丙:

客户：太贵了，打个折吧。

推销员：您希望打几折呢，我可以申请一下。

客户：我看 7 折就差不多……

推销员：天哪，这是根本不可能的哟，您好歹给我们留点钱赚嘛！

客户：那你最低能打几折？我可是货比三家的，现在优先给你机会，你看着办吧。

推销员：9 折吧。

客户：太贵了，你这样没诚心，我没法帮你啊，只能订别人的了。

推销员：别，您看，我们还送货上门给您安装，这人工和运输的费用……

客户：其他供应商都一样有这些服务的。

推销员：像您这么为公司着想的客户，我真是第一次碰上，这是您老板的福气啊，我一定要向您好好学习……

客户：那给我打个 8 折吧，我也好向老板交差啊……

推销员：您就帮帮忙吧，我们的服务承诺您也看到了对吧，您看，这设备要是出了故障影响生产，我们将第一时间提供免费备用机的，还每月至少一次上门检查设备使用情况……您看我们的服务多好啊，可这些服务是需要利润来支撑的，没有利润，我们的服务就无法承诺到位，到时候吃亏的可是您公司啊。

客户：这些情况我都了解，就是因为你们的服务好，所以才优先选择你们嘛。你们公司的品牌及设备情况我都上网了解过了，特点和 ×× 的差不多，人家的价格才是你们的 7 折啊，冲你们公司的服务我还额外加了 10 个点呢。

推销员：您其实还是不太了解，我们的产品可是有多项国家专利的，还是国家名优产品，您看证书都在这……

客户：好吧，8.2 折吧，这可是我的底线了！你要是不能决定，要不我找你老板说说……

推销员：您真是太厉害了，我不服不行啊，这事我还真不能决定，我让我老板给您打电话吧……

最后各让一步，以 8.8 折成交。

问题：

1. 你认为以上三个推销员哪个最擅长议价？为什么？

2. 你认为三个推销员在议价过程中有失误吗？如果有，请指出并提出改进意见。

三、情境模拟

背景资料：你是某品牌汽车 4S 店的推销员，某型号汽车报价 19.8 万元，你权限内的底价是 18.38 万元，并可以送方向锁、抱枕、汽车美容券等赠品。

任务：以 3～4 个同学为一组，先讨论设计一个推销员与客户议价的情景剧，然后每组派出两位同学分别扮演推销员和客户进行情境演练。

模块五　处理异议

客户在面对推销员的推销时，总会提出各种异议，客户提出异议是因为他们想知道产品为什么值得购买，而这正传达了客户对产品的兴趣。作为推销员，应该具备识别异议实质的技能和掌握处理异议的有效方法，才能有效化解客户的疑惑，促成交易。

学习目标：

1. 能识别客户异议产生的原因和认清其内在实质
2. 能灵活恰当地处理客户异议

课题一　识别异议实质

几个客人晚上去餐厅吃饭，点了一些菜，其中有一道菜是铁板牛肉。过了一会儿，服务员过来对点菜的客人说：“抱歉，铁板牛肉没有了。”点菜的客人很生气地说：“没有了？太过分了，那就算了吧，退钱。”服务员正准备把这道菜退掉时，经理看到后马上走了过来。他在表示歉意之后，介绍说店里的招牌菜是铁板驴肉，还说这道菜的做法很特别，味道很好，平时都很难点到，刚好今天还有货，问大家要不要尝一下。结果，铁板牛肉换成了价格更贵的铁板驴肉。

阅读案例，思考以下问题：

*客户为什么会对推销员说“不”？

*客户说“不”有哪些表现？

*如何认识客户说“不”的真实原因？

一、客户异议的含义

客户异议是指在销售过程中，客户对推销员的任何一个举动表示出不赞同、提出质疑或拒绝的行为。例如，推销员要去拜访客户，客户说没时间；推销员询问客户需求时，客户说不需要；推销员向客户解说产品时，客户表现得不以为然，甚至质问产品的来路、质量或价格等。这些都称为客户异议。

二、客户异议的类型

1. 需求异议

需求异议是指客户认为不需要产品而形成的一种反对意见，它往往是在推销员向客户介绍产品之后，客户当面拒绝的反应。这类异议有真有假，推销员要注意进行应对和辨别。如果发现客户真的不需要产品，那就应该立即停止推销；如果发现是客户拒绝的一种借口或没能认识到自己的需求，推销员应设法让客户了解产品可以为其提供的利益和服务，使之动心并购买。

常见需求异议的表现如下：

“哦，我只是随便看看啦。”

“我还没有找到想要的东西。”

“我也不知道该买什么好。”

“我现在还不需要这种东西。”

“我已经有了。”

“我借我朋友的就可以了，不用买了。”

“我们根本不需要它。”

“这种产品我们用不上。”

2. 能力异议

能力异议是指客户认为缺乏成交能力的异议，主要包括人、权、钱三方面。一般来说，对于客户的能力，推销员在寻找客户的阶段已进行过严格的“MAN”审查，因而在推销中能够准确辨认真伪。而在店堂推销中，客户的能力异议在很大程度上可能是一个讨价还价的托词，有经验的推销员很容易识别其真伪。

常见能力异议的表现如下：

“产品不错，可惜无钱购买。”

“近来资金周转困难，不能进货了。”

“做不了主。”

“领导不在。”

“需要和总工程师商量。”

3. 价格异议

价格异议是指客户以推销产品价格过高而拒绝购买的异议。无论产品的价格怎样，总有些客户会说价格太高、不合理或者比竞争者的价格高。当客户提出价格异议，通常表明其对推销产品有购买意向，只是对产品价格不满意而讨价还价。

常见价格异议的表现如下：

"太贵了，我买不起。"

"我想买便宜点的型号。"

"我不打算投资那么多，我只使用很短时间。"

"某某价格比你们便宜多了。"

"在这些方面你们的价格不合理。"

"我想等降价再买。"

4. 产品异议

产品异议是指客户认为产品本身不能满足自己的需要而形成的一种反对意见。主要是对产品的品牌、质量、设计、功能、结构、样式、型号等提出异议。产品异议表明客户对产品有一定的认识，但了解还不够，担心这种产品能否真正满足自己的需要。为此，推销员一定要充分掌握产品知识，能够准确、详细地向客户介绍产品的使用价值，从而消除客户异议。

常见产品异议的表现如下：

"我不喜欢这种颜色。"

"这个产品造型太古板。"

"新产品质量都不太稳定。"

"我用的是某某公司的产品。"

"我没听说过这个牌子。"

"我们有固定的进货渠道。"

"买国有企业的产品才放心。"

5. 推销员异议

推销员异议是指客户认为不应该向某个推销员购买推销产品的异议。有些客户不肯购买产品，只是因为对某个推销员有异议，客户不喜欢这个推销员，不愿让其接近，也排斥此推销员的建议。可见，推销员对客户应以诚相待，为人做事不要太出格和张扬，要与客户多进行感情交流，多为客户着想，做好服务工作，做客户的知心朋友。

常见推销员异议的表现如下：

“对不起，请贵公司另派一名推销员来。”

“我喜欢与性格爱好相近的人打交道。”

“你不会骗我吧？我对你没信心。”

6. 企业异议

企业异议是指客户认为销售产品的企业不能令自己放心而形成的一种反对购买的意见。客户对企业有异议，通常的原因可能是：认为企业实力不雄厚，认为企业名气不响亮，认为企业规模不宏大，认为企业历史不悠久等。

常见企业异议的表现如下：

“这是家新公司吧？”

“我从来没听说过你们这家公司。”

7. 购买时间异议

购买时间异议是指客户有意拖延时间不愿做出购买决策的异议。客户通常不愿马上做出决定，也有许多客户用拖延来代替说“不”。这些拒绝很明显意味着客户还没有完全下定决心，拖延的真正原因可能是因为价格、产品或其他方面不合适。有些客户还利用购买时间异议来拒绝推销员的接近和面谈。因此，推销员要具体分析，有的放矢，认真处理。

常见购买时间异议的表现如下：

“让我再想一想，过几天答复你。”

“我们需要研究研究，有消息再通知你。”

“我要回去跟家人商量一下。”

“我想再看看，回头再来找你。”

三、正确认识客户异议

从接近客户、产品介绍、示范操作、提出建议书到签约的每一个推销步骤，客户都有可能提出异议。据美国百科全书的统计，推销员每达成一笔生意平均要受到 179 次异议。可见，异议贯穿整个推销过程，并且是常见现象。

推销员不应该把客户提出反对的意见理解为是对自己和产品的不信任，是在拒绝购买。事实正好恰恰相反——很多成功推销员的经验证明：如果没有客户异议，就可能没有买卖的成交。客户提出异议恰巧表明他对产品感兴趣。

异议有真实的也有虚假的。真实异议是指对推销活动的真实意见和不同的看法，因此又称为有效异议。对于客户的真实异议，推销员要认真对待，正确理解，详细分析，并区分产生不同异议的原因，从根本上消除异议，有效地促进客户的购买行为。虚假异议是指客户用来拒绝购买而故意编造的各种反对意见和看法，是客户对推销活动的一种虚假反应，它并不是客户的真实想法，其目的可能是争得更多的交易利益或因某种原因而不想购买所假借的理由。对客户的虚假异议，推销员应识别其潜在的原因，直接或间接地将其转化为真实异议。

对一位有经验的推销员而言，还能从另外一些角度来体会异议：

从客户提出的异议中判断客户是否有需要；

从客户提出的异议中了解客户对自己的建议接受的程度，并能迅速修正推销战术；

从客户提出的异议中获得更多的信息。

一位推销大师曾经说过："当客户提出一项异议时，我们首先要做的是微笑。因为这使我们知道了他在想什么。保持沉默的客户是最难对付的，如果他什么都不说，那我们就不知道该如何完成推销。"因此，可以说推销是从客户提出异议开始的。

课堂演练

做一做

表5—1—1中列出的是比较常见的客户异议，你能破译出客户的真实想法吗？

表5—1—1　　常见的客户异议（一）

异议	异议解读
1. 我随便看看	
2. 价格太高了，不能接受	
3. 我考虑考虑	
4. 我没这么多钱	

续表

异议	异议解读
5. 我想和家人（朋友）商量一下	
6. 你在给我施加压力	
7. 我回头再来	
8. 我在别的地方可以买到更便宜的	
9. 我根本不需要这种产品	
10. 我很满意现在使用的牌子	
11. 你们的产品不好用	
12. 我们现在还有存货，等以后再说吧	
13. 回去不好向老板交差	
14. 你们的公司这么小	
15. 我心里没底	
16. 我没有时间（我很忙）	
17. 你的产品果真如此吗	
18. 我想找张经理	

评一评

如上所述，异议有真有假，产生异议也有不同的原因。为此，推销员要设法弄清客户异议的真假和内在原因。

1. 我随便看看

潜台词：不要管我，我害怕被要求买东西。

2. 价格太高了，不能接受

潜台词：不知是否能把价格压下来，或在其他地方能买到更便宜的。

3. 我考虑考虑

潜台词：如果你能让我正确地思考，我很愿意购买，给我一个做出决定的真正理由。

4. 我没这么多钱

潜台词：如果价格能便宜些，做成我的生意是有可能的，毕竟这东西我还是挺中意的。

5. 我想和家人（朋友）商量一下

潜台词 1：我动心了，但要看看你还有什么东西吸引我。

潜台词 2：我对产品还不太满意。

6. 你在给我施加压力

潜台词：我确实认为这件产品还行，如果此时有人能给我点信心或帮助我决断，我就打算买下了。

7. 我回头再来

潜台词：我挺喜欢这个推销员，我不想伤害他的感情，但我对这个产品还缺乏信心。

8. 我在别的地方可以买更便宜的

潜台词：我动心了，就看价格能不能再便宜一点了。

9. 我根本不需要这种产品

潜台词 1：我不想买（可能是真的不需要，也可能是不知道自己需要）。

潜台词 2：这么说可以迷惑推销员，在心理上可以占上风。

10. 我很满意现在使用的牌子

潜台词：我现在使用的牌子很好，你的牌子有这个好吗？

11. 你们的产品不好用

潜台词：对这个产品虽然有些不满意，但有些方面还是挺吸引人的，不知现在产品有没有改进？

12. 我们现在还有存货，等以后再说吧

潜台词：告诉我一个重要的原因或理由，为什么我应该现在买你的东西，或是为什么我不买就会受到损失。

13. 回去不好向老板交差

潜台词：我的压力大呀，你就降点价或做点让步吧，这样一来生意就差不多可以成交了。

14. 你们的公司这么小

潜台词：虽然产品还可以，但公司靠得住吗？拿出点理由来，给我点信心。

15. 我心里没底

潜台词：我就要做出决策了，不过我还需要一些鼓励。

16. 我没有时间（我很忙）

潜台词：我开诚布公地接受各种好主意，但是你的产品听起来不太吸引人，以致让我觉得是在浪费我的时间。给我一个令人信服且吸引人的理由，告诉我为什么应该听你讲。

17. 你的产品果真如此吗

潜台词：看起来你的产品很吸引我，请给我信服的证据。

18. 我想找张经理

潜台词：看起来你不能满足我的要求或不能做主，应找张经理才行。

悟一悟

将做一做环节的演练结果与评一评内容作比较。

思路异同：____________________

需要提高：____________________

心得体会：____________________

思考与练习

一、讨论思考

1. 如何认识和理解“嫌货才是买货人”这句话？
2. 常见的客户异议有哪些？
3. 客户产生异议的原因有哪些？
4. 推销员可以通过客户异议了解哪些信息？
5. 你认为应如何去判断客户异议的真伪？

二、案例分析

孙勇是一家工业用胶销售公司的销售主管，负责公司代理的 ×× 品牌工业用胶的区域销售。以下是孙勇和客户在一次推销活动中的对话。

孙勇：您已经仔细地研究过我们公司的产品手册，刚才我也非常仔细地给您介绍了各种产品的性能。您觉得怎么样？

客户：你们的价格太高了。

孙勇：如果贵公司的采购量足够大的话，我们可以给予适当的折扣。

客户：哦？那我可以考虑考虑。不过你们公司是个小代理商，不是吗？

孙勇：是的。我们公司是小了一点，不过我们的信誉很好，服务很周到，口碑也不错！

客户：现在的假货很多，不是吗？

孙勇：这您放心，我们公司有××品牌的独家代理授权证书！××品牌一个月对我们考核一次，要是卖假货的话，您知道，我们的100万元保证金是拿不回来的。

客户：A公司的产品和服务可不比你们差。

孙勇：A公司的确在某些方面做得还不错，但我们的产品质量不错，售后服务又很完善，并且价格也很合理，您还有什么好犹豫的呢？

客户：你还是先给我留些资料，我看看再说，好吗？

孙勇：可以。不过我不明白您为什么现在不买呢？早买早受益，不是吗？

客户：我想还是谨慎点好。我得和我们工程部的负责人谈谈，征求一下他的意见。

……

问题：

1. 客户提出了哪些类型的异议？

2. 你认为孙勇是否识别了客户异议的实质？为什么？

三、情境模拟

表5—1—2中列出了一些常见的客户异议，你能破译出客户的真实想法吗？

表5—1—2　　常见的客户异议（二）

异议	异议解读
1.（买房）我想先同我的律师商量一下	
2. 我对这个产品没有兴趣	
3. 这种颜色不适合我	
4. 我刚工作不久，我要买的东西太多了	

续表

异议	异议解读
5. 我昨天已经买过了	
6. 这东西质量不好	
7. 能打个折就买	
8. 我没带钱，你就送一套给我吧	
9. 我的一个朋友买过，他说感觉很不好	
10. 现在有点事要办，我改天再来吧	
11. 这里不欢迎你，请你马上走开	
12. 我怎么知道你说的是不是真的	
13. 请把书面资料给我	
14. 我们没有购买你们产品或服务的财务预算	
15. 我不是这项工作的负责人	

课题二　处理常见异议

邓林是某饲料厂的业务员，尽管是农业大学饲料专业毕业，对产品和行业非常熟悉，又性格外向，但业绩一直不太理想。以下是他推销过程中的几个小片断。

客户 A：啊，是邓师弟呀，这么大的雨，你还专程上门推销，敬业精神令人佩服！实在很不巧，我们目前资金比较紧张，真是抱歉，喝杯茶好不好？

邓林：是嘛，王师兄，需要进货的时候，您可要多关照关照我这师弟呀。今天还要去拜访一个客户，改天请您吃饭。

客户 B：哦，××饲料我以前用过，质量确实很好，××饲料那么多年品牌不倒，一定有过人之处，如果有需要的话，我一定与你联系。真对不起，让你大老远跑一趟，很辛苦吧，你这么勤奋，业绩一定不得了！

邓林：您可真是个行家，真的很识货，这是我的名片和产品资料，需要时给我打个电话，价格好商量，希望我们能有机会合作，再见。

客户 C：你说的不错，只可惜它的包装袋颜色不好看，50 千克包装喂料时扛着沉。

邓林：包装袋的颜色有什么关系，50 千克包装您扛惯了也就不沉了。

……

阅读案例，思考以下问题：

*推销员应该如何面对客户的异议？

*处理客户异议有哪些方法？

*如何化解客户的一些典型异议？

一、处理客户异议的原则

1. 耐心倾听找症结

面谈中把更多的时间留给客户，看上去客户似乎是主动的意见发出者，而推销员是被动的接受者，其实不然。心理学家大量研究证明："说"与"听"两者相比，听者有利。因为交谈中听者思考的速度大约是说者的 5 倍。因此，善于倾听的推销员可以有充分的时间，对客户真实的需求、疑虑进行准确的鉴别和判断，及时捕捉客户的各种购买信号。

2. 望闻问切探虚实

在与客户面谈时，要注意细心观察客户的表情和肢体语言，留意客户的语音、语调变化，并适当提问，最后综合所有信息来判断客户的异议是"真异议"还是"假异议"。

3. 附和异议套近乎

异议总是要通过双方沟通才能有效解决，如果双方不能形成有效、持续沟通的氛围，要解决异议是不太可能的。所以，有经验的推销员在面对异议时，会控制好自己的情绪，不与客户发生争执，经常适时、有技巧地附和对方，这是推销面谈中一种重要的语言艺术，也是使谈话持续、消除误解或隔阂、建立亲近感的有效方法。

4. 细心琢磨理逻辑

客户提出的异议往往是多方面、多角度的，有时候会给人无所适从的感觉。这时候，推销员不要让自己穷于应付，应在头脑中沉着冷静地将这些碎片式的信息进行梳理，分析异议的由来及主次，厘清异议的动机、脉络和主线。

5. 孤立异议清障碍

在厘清异议的动机、脉络和主线之后，推销员应引导客户过滤异议，设法将客户拒绝购买的主要原因归结为一点，尽量避免面面俱到地回答客户的一切疑问，这就是孤立异议。因为只有清除了主要障碍，客户才有可能与你继续交易。

6. 回应异议细思量

推销员在回答客户异议前应有短暂停顿，让客户觉得你是经过思考后说的，而不是随意敷衍。对于客户提出的异议，推销员要回答得清楚而有条理，最好能够给出几种解决方案供客户选择，促使推销进入下一个程序。

7. 解答异议有分寸

有句行话："将产品了解得无微不至，说明你是专家；将产品介绍得事无巨细，说明你是傻瓜。"推销员应当是产品专家，但并不意味着要主动告诉客户自己所知道的一切。因为滔滔不绝反而会使客户厌烦，而且客户得到的信息越多，其需要考虑的时间越长。推销员应当简明扼要，针对客户的需求点对症下药，帮助客户尽快做出购买决定。

二、处理客户异议的方法

客户的异议是多种多样的，处理的方法也千差万别，必须因时、因地、因人、因事而采取不同的方法。在推销过程中，常见处理异议的方法见表 5—2—1。

表 5—2—1　　常见处理异议的方法

方法	定义	注意事项	举例
转折法	首先承认客户的看法有一定道理，也就是向客户做出一定让步，然后再讲出自己的看法，根据有关事实和理由来间接否定客户的意见	使用过程中要尽量少地使用"但是"一词，而实际意思中却包含着"但是"的意见，以保持良好的气氛	"先生，您的眼力的确很好，这件衣服材质不是百分之百的桑蚕丝。我想您是知道的，采用百分之百桑蚕丝的男装，成本价至少在 600 元以上。"
转化法	推销员将客户的反对意见进行处理，将之转化为肯定意见，也就是用其积极因素去抵消其消极因素	要讲究礼仪，而不能伤害客户的感情。一般不适用于与成交有关的或敏感性的反对意见	"你说得对，这些东西的价格又涨了。不过现在它所用的原材料的价格还在继续上涨，所以产品的价格还会涨得更高。现在不买，过一段时间会更贵。"
补偿法	先肯定有关缺点，然后淡化处理，利用产品的优点来补偿甚至抵消这些缺点	客户异议必须真实有效，其得到补偿的利益要大于异议涉及问题所造成的损失	"这种产品的质量的确有点不足，所以我们才降价处理。不但价格优惠很多，而且公司还确保这种产品的质量不会影响您的使用效果。"
委婉法	在没有考虑好如何答复客户的异议时，先用委婉的语气把异议重复一遍，或用自己的话复述一遍，这样可以削弱对方的气势	只能减弱而不能改变客户的看法	客户："价格比去年高多了，怎么涨幅这么大？" 推销员："是啊，价格比起前一年确实高了一些。"
反驳法	根据事实直接否定客户异议的处理方法	态度一定要友好而温和，不要伤害客户的自尊心和自信心，最好是引经据典，这样才有说服力	客户："这房屋的实用率比一般商品房要低出不少。" 推销员："您大概有所误解，这次推出的花园房，实用率为 82.2%，一般商品房实用率平均为 80.8%，我们的实用率要比平均高 1.4%。"

续表

方法	定义	注意事项	举例
冷处理法	对于客户一些不影响成交的反对意见，推销员不进行反驳和解释，而是不予理睬，转而继续谈自己要说的问题	不理睬客户的反对意见，可能会引起某些客户的注意，使客户产生不快和反感	客户："啊，你原来是 × × 公司的推销员，你们公司周围的环境可真差，交通也不方便呀！" 推销员："先生，请您看看产品 ......"
反问法	用对客户提出的异议进行反问或质问的方法答复客户的异议，这样不但不会引起新的异议，并且能使客户自己回答自己的问题	如使用不当，会引起客户的反感和抵触。因此，在运用时应用商量和征求意见的口吻	客户："你的机器太重。" 推销员："您为什么说它太重？"
玩笑法	当客户提出一些反对意见，并不是真的想要获得解决或讨论时，推销员面带笑容地开个简单的玩笑进行回应	注意不要引起新的争议和问题，所以在回答时既要轻松，又要让问题到此为止	客户："能不能买一送五呀？" 推销员："嗯！您的确很有幽默感！"
取舍法	当客户确实指出了产品的某些缺陷或短处，推销员无法回避和改变时，可以通过引导客户对事实、利益的轻重利弊进行分析，来让客户进行取舍	要站在客户角度，以客户的利益为重，引导客户进行取舍	客户："这款手机没有电视功能吧？" 推销员："您平时看电视多吗？" 客户："不多。" 推销员："手机看电视需要开通业务和支付费用，而且很影响视力。您如果业余时间看电视不多，您认为有必要多花这个钱来买这个功能吗？"
合并法	将客户的几种意见汇总成一个意见，或者把客户的反对意见集中在一个时间讨论	不要在一个反对意见上纠缠不清，在回答了客户的反对意见后马上把话题转移开	"王总，刚才贵方提出的几个问题，我看可以归结为对我公司的信任问题。这您放心，我公司是非常讲诚信的企业，已经连续十年被评为重合同守信用单位。"
预防法	推销员在推销拜访中，确信客户会提出某种异议，就在客户尚未提出异议时，自己先把问题说出来，继而适当地解释说明，予以回答	必须在接近客户之前，将客户有可能提出的各种异议列出来，并详细准备好处理方法，在推销中灵活运用	"先生，您刚才也说我们公司产品的质量可靠，并且价格合理，在操作上也很有特点。您也知道，我们公司要维持合理价格，既凭借可靠的质量、高效率的操作，同时也采用行业的一般做法，如请求客户在规定期限内付款。虽然客户对此略有抱怨，但我们物美价廉的产品，实质上也是增加了客户的利益。"

三、典型客户异议的处理思路

1. 需求异议的处理思路

如果客户说他不想买，其真实的原因有三种——确实没有需求、不愿意购买而随口敷衍和存在需求但自己没有意识到。需求异议的处理思路见表 5—2—2。

表 5—2—2　　需求异议的处理思路

异议情况	处理思路	处理步骤
确实没有需求	放弃劝说，避免强买强卖的嫌疑	主动询问需要——为打扰客户而道歉——感谢客户配合——留下名片
不愿意购买而随口敷衍	通过观察找出客户真实的顾虑并一一化解	欢迎随便看看——主动询问客户需要——推介产品，陈述利益——示范，让客户体验
存在需求但自己没有意识到	耐心引导客户发现自己的需求	询问附带需求——指出附带需求的效用——答复异议，努力说服——推介优质附带产品

示例：

刚入职场的李光在商场买了一条色彩鲜艳的领带，推销员非常热情地为他服务。

推销员：先生，您看还需要别的吗？

李光：不了，我就买一条领带。

推销员：是这样的，先生，您刚买的这条领带和您现在穿的衬衫看起来不是很搭配。

李光：我已经有好几件衬衫了，不需要再买啦！

推销员：您不必急着买，随便穿上看看嘛。（笑容满面地说）怎么样，您看这件衬衫和您这条新领带多般配呀！您穿起来非常精神，很职业化。这样搭配一定能够给您的新同事留下很好的印象，对吧？

李光穿着推销员推介的那件衬衫，系着刚买的领带，在镜子前转了一圈，感觉很不错。于是，就把衬衫也买下了。

2. 能力异议的处理思路

客户的能力异议通常包括两种：财力异议和购买决策权异议。财力异议和购买决策权异议都有真实和非真实两种。一般来说，对于客户的能力，推销员在寻找客户的阶段就应该进行严格、全面的鉴定与审核，能够判别其能力范围。能力异议的处理思路见表 5—2—3。

表 5—2—3　　能力异议的处理思路

异议原因	处理思路	处理步骤
没钱（真）	认真评估，协商方案	评估能力——帮助其清点可能的支付途径——协商方案

续表

异议原因	处理思路	处理步骤
没钱（假）	识别真实原因，清除障碍	缓解气氛——探询真实原因——解答真实异议——排除障碍
决策权受限（真）	跟进联系到真实决策人	询问其决策权限——探询真实决策人——联系真实决策人——排除障碍
决策权受限（假）	查清真实原因，清除障碍	缓解气氛——探询真实原因——解答真实异议——排除障碍

3. 价格异议的处理思路

客户发出价格异议的原因比较复杂，可能是在故意发出异议，或者是发现产品价格比同类产品高，也可能是其对价格高度敏感，无论报出的价格多少都会觉得贵。但目的都是相同的，就是想让推销员降价。价格异议的处理思路见表 5—2—4。

表 5—2—4　　价格异议的处理思路

异议原因	处理思路	处理步骤
故意发出价格异议	先报价高一点，再略降一点	报高价——诉苦——要求对方承诺购买——略微降价或送赠品
客户经过货比三家，觉得价格高	让客户明白价格比别人高的原因	询问客户的比较对象——说明质优价高的道理和产品涵盖范围不同——主动比较，说明价高的理由
客户对价格高度敏感	算成本账，说明价格不高	询问客户有没有进行比较——分解成本或隔离价格与成本——着重阐述产品的利益

示例：

客户：这款手机你究竟什么价格能卖？

推销员：大哥，真的很抱歉，本品牌手机一向规定不打折扣，因为我们的产品在质量上是从不打折的，所以也很难在价格上打折。如果打折，很容易影响我们品牌和我们卖场在你们心目中的地位。

客户：我是从手机批发市场看了价格才过来的。那里老板讲如果我真的购买，能 4 600 元卖给我。同样的品牌、同样的型号，你们却贵了 500 多元呢。

推销员：其实，买东西大家都是希望买一个放心、舒心和顺心。想一想，手机批发市场不能排除个别不法个体老板把旧机翻新或者用水货来坑骗消费者，为自己牟取私利的情况，而且是没有售后保障的。

客户：话也不能这么讲，×× 卖场的价格也比这里便宜！人家可是全国连锁性家电卖场。

推销员：大哥，看得出您是有备而来啊，您知道我们为什么在价格方面比 ×× 卖场贵 50 元吗？因为我们的赠品是 16 G 的卡，而他们是 4 G 的卡，这两种卡价格相差将近 100 元，总的算来，我们还是比他们更便宜，但我不知道那边的推销员这点可给您讲清楚了？

客户：是吗？

推销员：大哥，看得出来您是诚心想买这款手机，在价格方面我做不了主，您等一下，我打电话给领导为您争取一下最优惠价。

最后，推销员从领导那里申请到 50 元的优惠，客户高高兴兴地成交了。

4. 产品异议的处理思路

如果客户基于对原先使用产品品牌的好感，或者自己及他人对推介品牌的产品有负面印象，而不愿意接受推销员所推销的产品的话，推销员就要先搞清楚客户反对的内在原因，然后再有的放矢地予以解决。产品异议的处理思路见表 5—2—5。

表 5—2—5　　产品异议的处理思路

异议原因	处理思路	处理步骤
以前使用过，觉得质量不好	真诚道歉查原因，取得信任荐新品	真诚道歉——核查问题产生的原因——排除故障，推介改进后的产品
听朋友说不好	理解感受探实情，视乎情况荐产品	设身处地，表示遗憾——与其朋友取得联系——核查是否使用己方产品——属实，走上面情况的步骤；不属实，推介产品
喜欢现有品牌，不想改变	对自己产品有充分信心	询问原因，仔细倾听——因势利导，主动比较——肯定想法，鼓励尝试
觉得某同类产品的知名度更高，质量更好	找准客户的特殊需求，找准竞争对手的薄弱环节，找到彼弱我强之处与客户的诉求点	询问需求，仔细倾听——扬长避短，主动比较——找准突破点，鼓励尝试
对所推介的产品质量不满意	摸清客户需求特点，用同类产品比较说明自己的产品能满足客户	询问客户看重的产品功能——说明产品如何满足客户的需要——指出优于同类产品的地方
对服务质量不满意	问清症结加以改进，突出自身优势	诚恳询问客户不满意的方面——加以改进或承诺改进——突出优点所在

续表

异议原因	处理思路	处理步骤
质疑产品来源，担心质量无保证	大胆比较自己产品和同行产品的优劣所在，然后给予客户信心	主动比较，分析自己产品和同类产品的各自优势——发挥自己的优势，满足客户的特殊要求——主动介绍公司现状及前景，给予客户信心——鼓励客户尝试

示例:

推销员：赵主任，您好。

客户：你好。

推销员：笔记本电脑试用得好吗?

客户：还好。不过我觉得你们的笔记本电脑有点儿重。

推销员：哦?为什么您会觉得重呢?

客户：你看，另一家公司的笔记本电脑重量只有2千克，你的笔记本电脑却有2.6千克。”

推销员：为什么重量对您这么重要呢?

客户：因为我们使用笔记本电脑的工程师总是在外面出差，他们希望重量能够轻一些，尺寸小一些。

推销员：我明白了。工程师在外面采访，笔记本电脑是他们的工作工具，非常重要。您觉得对于这些工程师来讲，还有什么指标比较重要呢?

客户：除了重量，还有可靠性和坚固性，当然还有配置，如CPU速度、内存和硬盘的容量。

推销员：您觉得哪一点最重要呢?

客户：最重要的当然是配置，其次是可靠性和坚固性，最后是重量。

推销员：每个公司设计产品的时候，都会平衡性能的各个方面。如果重量轻了，一些可靠性设计可能就要牺牲了。例如，如果装笔记本电脑的皮包轻一些，皮包对笔记本电脑的保护性就会弱一些。根据我们对客户的研究，我们一直将可靠性和配置放在优先级较高的位置，这样不免牺牲了重量方面的指标。事实上，我们的笔记本电脑采用铝镁合金，虽然铝镁合金的重量重一些，但是更坚固。而有的笔记本电脑为了轻薄，采用飞行碳纤维，但坚固性就差一些。

客户：有道理。

推销员：基于这种设计思路，我们笔记本电脑的配置和坚固性一直是行业中最好的。您对于这一点有问题吗？

客户：鱼与熊掌不能兼得。

推销员：您的比喻非常形象。我们在设计产品的时候更重视可靠性和配置，影响了重量。这个初衷也符合您的要求，您也同意可靠性和配置的重要性。

客户：对。

5. 推销员异议的处理思路

日本专家曾做过一次调查，结果表明 70% 的客户没有什么真正明确的拒绝理由，只是泛泛地反感推销员的打扰，对推销员本人产生怀疑和恐惧，进而对其带来的产品也产生疑虑。针对推销员异议，最好的处理办法就是防患于未然。因为一旦客户对推销员产生反感，无论推销员怎么挽救都是无济于事的。这就要求推销员在每天开始工作之前，都必须充分检查自己的着装和身体清洁，平时要时刻注意言谈举止，提高服务水平，表现出一个合格的推销员应该有的素质，把异议杜绝于产生之前。

6. 企业异议的处理思路

客户在企业信誉不佳，市场竞争激烈，售后服务跟不上，特别是客户对推销员代表的企业不了解，受传统的购买习惯约束的情况下容易提出这类反对意见。产生企业异议时，客户其实还是需要推销员所推销的产品的，也愿意购买，只是心存疑虑。企业异议的处理思路见表 5—2—6。

表 5—2—6　企业异议的处理思路

异议情况	处理思路	处理步骤
对企业的确不了解	反复接近，增进感情联络	初次拜访——联络感情，适当宣传——锲而不舍，重复拜访，增进了解
存在竞争者	在不贬低对手情况下说明自己的优势和给客户的利益	认同对手，给予理解，强调说明自身优势，突出客户能享受到的实惠和便利
认为企业信誉、口碑、实力差	探听真实意图，再进行相应处理	判断是否为借口：若否，消除对方疑虑；若是，弄清真实意图再应对

示例：

客户：你们公司规模太小，我不放心。

推销员：您是说贵公司一定要与大公司合作吗？

客户：那倒也未必，是一个朋友介绍我过来的，不过我还是有点担心你们的供货能力不足。

推销员：我们都知道大公司会按照自己的生产方式组织生产，但难以满足不同客户的需求；小公司则比较灵活变通，可以适应客户的个别要求。我们的工作好坏是以客户的满意度来衡量的，这也决定了我们的薪金水平。我和我的同事都会想方设法让您满意的。相信您考察过我们的工厂后就不会有这样的担忧了。

客户：可能吧，不过我为什么要把订单给你们呢？

推销员：我听说国外的很多大公司都喜欢向小公司订货。小公司的产品价格更低，质量也有保证，物美价廉，何乐而不为呢？

7. 购买时间异议的处理思路

当推销员介绍的产品超出了客户的消费预算，或者该产品没有从各方面都满足其需求时，客户就可能以暂时不想购买的说法来拒绝推销员的推销。对于这种异议，处理的总体思路就是：重申产品的全部优点，强调立即购买的紧迫性。

处理购买时间异议的关键是让客户联想到立即购买的好处与迟疑不决的后果。有一种极为有效的方法能够让人在充分比较之后，做出立即购买的决定，这就是利益罗列法（见表 5—2—7）。

表 5—2—7　　利益罗列法

立即购买的好处	迟疑不决的后果
1. 早买早受益 可立即享受到产品的利益 2. 节约时间 不用再花心思另找别的产品 3. 少忍受痛苦 正是要买的东西，不如现在就买 4. 买了就不落伍 买了就可以换掉旧产品 5. 心里踏实 趁着手头宽裕，买了心里踏实 ……	1. 追悔莫及 过了这个村就没这个店了 2. 优惠不再 过了优惠期，只好花更多的钱买同样的东西 3. 物价上涨 由于产品暂时短缺或通货膨胀，物价可能上涨 4. 更新换代 产品的更新换代快，现在不购买，将导致一等再等 5. 钱被乱花 有钱不买，等钱被花完了，想买都没法买了 ……

课堂演练

做一做

假如你是推销员，请运用所学过的方法来处理表 5—2—8 中的异议（每项异议中拟推销的产品可自定）。

表 5—2—8　　客户异议（一）

客户异议	推销员解答
1. 我没时间	
2. 我现在没空	
3. 我没兴趣参加	
4. 请你把资料寄过来给我	
5. 抱歉，我没有钱	
6. 目前我们还无法确定业务发展会如何	
7. 我喜欢这个包的款式，但可惜它用的皮质地不太好	
8. 要做决定的话，我得先跟合伙人谈谈	
9. 我们会再跟你联络	
10. 我要先好好想想	
11. 说来说去，还不是要推销东西	
12. 这个金额太大了，不是我马上能支付的	
13. 你们企业的售后服务不好，电话报修，总是姗姗来迟	
14. 你们公司生产的外墙涂料日晒雨淋后会出现褪色的情况吗	
15. 小朋友连学校的课本都没兴趣，怎么可能会看这种课外读物呢	
16. 你们的产品价格太贵了	

评一评

在处理客户异议的过程中，推销员要坚持认真聆听、详细记录、给予理解、查清原因、尊重客户、不与争辩、操之在我、灵活应对的原则，并不一定要局限于某种方法，只要能够令交易愉快顺利地进行下去，就达到了目的。

对上述一些典型异议，参考应对方式如下：

1. 我没时间

推销员："我理解，我也老是时间不够用。不过只要 3 分钟，您就会相信，这是个对您绝对重要的议题……"

2. 我现在没空

推销员（保险业）："先生，美国富豪洛克菲勒说过，每个月花一天时间在钱上好好盘算，要比整整 30 天都工作来得重要！我们只要花 25 分钟的时间，就能给您一个惊喜！您平时将余钱都存放在银行还是投资股票呢？"

3. 我没兴趣参加

推销员（电话推销）："我非常理解，先生，要您对不晓得有什么好处的东西感兴趣实在是强人所难。正因为如此，我才想向您亲自报告或说明。您看是星期一还是星期二过来看您好呢？"

4. 请你把资料寄过来给我

推销员（电话推销）："先生，我们的资料都是精心设计的纲要和草案，必须配合人员的说明，而且要对每一位客户分别按个人情况再做修订，等于是量体裁衣。所以最好是我星期一或者星期二过来看您。您看上午还是下午比较好？"

5. 抱歉，我没有钱

推销员（保险业）："我了解。要什么有什么的人毕竟不多，正因如此，我们开发的这种新产品，用最少的资金创造最大的利润，这不是对未来的最好保障吗？在这方面，我愿意贡献一己之力，只占用您半个小时，向您做个介绍，买不买都没关系。"

6. 目前我们还无法确定业务发展会如何

推销员："先生，我能够理解无法确定业务发展方向给您带来的烦恼，但我需要说明的是，您的业务将来无论如何发展，您都可以先看看我们的供货方案优点在哪里，参与这件事情对您的业务发展都只有好处，没有坏处。"

7. 我喜欢这个包的款式，但可惜它用的皮质地不太好

推销员："小姐，您的确是好眼力，这个包采用的是法式设计最新流行款式，美中不足是采用的上等猪皮，如果改用头层牛皮的话，它的价格最起码会在 3 000 元以上。"

8. 要做决定的话，我得先跟合伙人谈谈

推销员："我完全理解，对合伙人的尊重是您事业发展的前提。我想，究竟该如何决定，关键还是取决于您对这件事情的认识程度，如果您已经认识到这件事对您事业发展的重要意义，那么跟合伙人的沟通也就是履行个程序而已。我等着您的好消息，明天再跟您联系。"

9. 我们会再跟你联络

推销员："当然，我知道如果您现在不能做决定，之后一定会主动跟我联系的。不过，我更想知道，是我没有跟您沟通清楚呢，还是有其他什么原因阻止了您现在就做决定呢？"

10. 我要先好好想想

推销员："先生，相关的重点我们不是已经讨论过吗？容我冒昧地问一句：您顾虑的是什么呢？"

11. 说来说去，还不是要推销东西

推销员："我当然是很想推销东西给您了，要是能带给您物美价廉的产品，让您买得称心如意，我相信您也不会反对。买多买少没关系，您可以先进一箱货检验一下效果。"

12. 这个金额太大了，不是我马上能支付的

推销员："是的，我想大多数人都和您一样是不容易马上支付的。这样，我们配合您的情况，在您资金充裕时多支付一些，其余时候采用分期付款的方式，让您支付起来一点也不费力。"

13. 你们企业的售后服务不好，电话报修，总是姗姗来迟

推销员："我相信您所说的一定是个案，有这种情况发生，我们感到非常遗憾。我们企业的经营理念就是服务第一。我们企业在各地的技术服务部门都设有电话服务中心，随时联络在外服务的技术人员，希望能以最快的速度为客户服务，以兑现电话报修后两小时一定到现场修复的承诺。"

14. 你们公司生产的外墙涂料日晒雨淋后会出现褪色的情况吗

推销员："请您放心，我们公司的产品质量是一流的，另外，您是否注意到××大厦，它采用的就是本公司的产品，已经过去10年了，还是光彩依旧。"

15. 小朋友连学校的课本都没兴趣，怎么可能会看这种课外读物呢

推销员："先生，这就对了，我们这套图书就是专门组织了一批著名的国内儿童教育专家为激发小朋友的学习兴趣而特别编写的。”

16. 你们的产品价格太贵了

推销员：“好的产品价格自然很高，您要买质量好、有品牌、有保证的，多花这些钱，不就是图买个省心吗？”

悟一悟

将做一做环节的演练结果与评一评内容作比较。

思路异同：____________________

方法异同：____________________

需要提高：____________________

心得体会：____________________

思考与练习

一、讨论思考

1. 处理客户异议要注意哪些原则？
2. 处理客户异议的常用方法有哪些？
3. 客户对需求有异议时，处理思路是怎样的？
4. 客户对产品有异议时，处理思路是怎样的？
5. 客户对价格有异议时，处理思路是怎样的？
6. 客户对推销员的能力表示怀疑时，推销员应如何应对？

二、案例分析

1. 案例一

潜在客户：这台复印机的功能，好像比别家的要差。

推销员：这台复印机是我们最新推出的产品，它具有放大缩小的功能，纸张尺寸从B5到A3；有三个按键用来调整颜色的深浅；每分钟能印20张，复印品质非常清晰……

潜在客户：每分钟20张实在不快，别家复印机速度每分钟可达25张，有六个刻度来调整颜色的深浅，操作起来好像也没那么困难，复印品质比你们这台要清楚得多……

问题：

（1）这个推销员处理异议恰当吗？为什么？

（2）如果不恰当，你如何处理？

2. 案例二

客户：我怎么知道你的东西好不好用？如果不好用的话，我岂不是白买了？

推销员：您放心好了。我们的产品这么畅销，怎么可能不好用呢？

客户：你们的价格比别人的贵多了，这怎么解释啊？

推销员：我们的产品好啊，当然要卖得贵一些了。您看，它虽然贵，还不是有大把人买我们的产品。

客户：我是一直从我一个朋友的商店里购买这种产品的，我不想让他难堪。

推销员：那算得了什么？你朋友又不是不要钱，谁的好用就买谁的呗！

客户：我暂时还不想买你们的东西，让我考虑考虑。

推销员：那你考虑一下吧，记住考虑好找我买呀。

问题：

（1）这个推销员处理异议恰当吗？为什么？

（2）如果不恰当，你如何处理？

三、情境模拟

1. 情境模拟一

假如你是推销员，请运用所学过的方法来处理表5—2—9中的异议（每项异议中拟推销的产品可自定）。

表5—2—9　客户异议（二）

客户异议	推销员解答
1. 我要先跟家人商量一下	
2. 我再考虑考虑，下星期给你电话	
3. 你不要给我打电话了，我是不会去的	
4. 我每天都接到你们类似的电话，太多了	

续表

客户异议	推销员解答
5. 我们小企业不想弄这些，不要再找我了	
6. 你们的产品既差又贵	

2. **情境模拟二**

假设你是某品牌手机的推销员，向一位女性客户推销产品。当她一听你是某某品牌的推销员就不开心了。你再三追问，她就抱怨说产品这不好、那不好。面对这种情况，你该怎么办呢？请写出你的解决方案并进行情境演练。

模块六　促成交易

促成交易是推销员将潜在客户转变为客户的一个重要过程，同时也是推销员对此前长时间接触客户、介绍产品、与客户沟通、谈判之后希望获得的一个结果。从循序渐进的推销过程来看，促成交易是推销过程的最高、最具决定性意义的阶段，有经验的推销员总是能够在与客户接洽的过程中抓住或创造机会将双方的交易以合同的形式固定下来。

学习目标：

1. 能在推销洽谈中及时识别成交信号
2. 能在推销洽谈中审时度势、合理运用技巧促成交易
3. 掌握在交易达成时有效签订买卖合同的技能

课题一　识别成交信号

有一位女客户在反复试穿着两件衣服。这两件衣服款式区别不大，但是颜色相差很大，一件是粉色，另外一件是银灰色。客户犹豫不决，不知道选哪一件好。新来的推销员也不知道如何是好。正在这时客户接了一个电话说有急事就离开了。

阅读案例，思考以下问题：

*客户希望成交时会发出信号吗?

*常见的成交信号都有哪些?

一、成交信号的含义

成交信号是指客户在语言、表情、行为等方面所流露出来的打算购买推销品的一切暗示或提示。在实际推销工作中，客户为了保证实现自己的谈判目标，取得交易谈判的主动权，一般不会首先提出成交，更不愿主动、明确地提出成交。但是客户的购买意向总会通过各种方式表现出来，对于推销员而言，必须善于观察客户的言行，捕捉各种成交信号，及时促成交易。

二、成交信号的类型

客户表现出来的成交信号主要有表情信号、语言信号、行为信号、事态信号等。

1. 表情信号

表情信号是从客户的面部表情和体态中所表现出来的一种成交信号，如在洽谈中面带微笑、下意识地点头表示同意、对产品不足表现出包容和理解的神情、对推销的产品表示兴趣和关注等。

一般而言，下列几种表情可视为促成交易的较好时机：

（1）当客户表示对产品非常有兴趣之时。

（2）客户神态轻松、态度友好之时。

（3）在推销员向客户介绍了推销品的主要优点之后。

（4）在推销员恰当地处理客户异议之后。

（5）客户对某一推销要点表示赞许之后。

（6）在客户仔细研究产品、产品说明书、报价单、合同等情况下。

示例：

一位保险推销员在给客户讲述一个充满感情的、很有说服力的他人因为购买保险而从灾难中得到补偿的故事时，竟让对方忍不住双目含泪。这个信号非常清晰地告诉推销员，客户是非常有同情心并且关注自己的家庭成员的。这个信号为推销员推销保险产品提供了宝贵的线索和方向。

2. 语言信号

客户通过询问使用方法、价格、保养方法、使用注意事项、售后服务、交货期、交货手续、支付方式、新旧产品比较、竞争对手的产品及交货条件等表露出来的成交信号。

以下几种情况都属于成交的语言信号：

（1）客户对产品给予一定的肯定或称赞。

（2）客户征求别人的意见或者看法。

（3）客户询问交易方式、交货时间和付款条件。

（4）客户详细了解产品的具体情况，包括产品的特点、使用方法、价格等。

（5）客户对产品质量及加工过程提出质疑。

（6）客户了解售后服务事项，如安装、维修、退换等。

语言信号种类很多，推销员必须具体情况具体分析，准确捕捉语言信号，顺利促成交易。

3. 行为信号

人们经常会有意无意地从动作行为上透漏一些对成交比较有价值的信息。

当客户有以下行为信号发生的时候，推销员要立即抓住良机，勇敢、果断地去试探、引导客户达成交易。

（1）反复阅读文件和说明书。

（2）认真观看有关的视听资料，并点头称是。

（3）查看、询问合同条款。

（4）要求推销员展示样品，并亲手触摸、试用产品。

（5）突然沉默或沉思，眼神和表情变得严肃，或表示好感，或笑容满面。

（6）主动请出有决定权的负责人，或主动给推销员介绍其他部门的负责人。

（7）主动热情地对待推销员。

示例：

一位女士在面对皮衣推销员时，虽然是大热天，她仍穿着皮衣在试衣镜前足足试穿了一刻钟。她走来走去的样子好像是在做时装表演，而当她脱下皮衣时，两手忍不住又去摸皮毛。这位女士的上述行为就属于强烈的成交信号。

由于通过客户的行为可以发现许多成交信号，因此，推销员应尽力使客户在推销产品的过程中成为一位参与者，而不是一位旁观者。在这种情况下，通过细心观察，推销员很容易发现成交信号。

4. 事态信号

事态信号是指在推销员和客户接触过程中，客户对与推销活动有关的事态发展变化所表示出来的一种购买信号。

以下几种情况都属于成交的事态信号：

（1）客户主动要求更换谈判场所。

（2）客户向推销员介绍有关购买决策的其他人员。

（3）客户提出变更推销程序。

（4）客户接受推销员的重复约见。

课堂演练

做一做

一、解读客户所表现出的信号

信号一：在推销员向客户进行产品说明后，客户表现出兴趣。然后再仔细听取推销员所提出的成交条件、产品价格。

信号二：在推销员向客户进行产品说明后，客户征求其他客户尤其是同伴的看法和意见，如看着对方或问一句“你觉得怎么样？值得买吗？”

信号三：客户对推销员的产品不太感兴趣，显露出不在意的神态。

信号四：在进行产品推介说明后，客户不置可否。

信号五：在推销员进行产品说明时，客户表现出焦虑不安、神情不定的状态。

信号六：在推销过程中，客户询问有关产品质量和性能方面的问题。

信号七：客户流露出渴求、惊奇的神色。

信号八：在与客户的交谈过程中，有的客户静心地听推销员的介绍，仔细看产品资料。而有的客户正相反，在交谈中大发议论，饶有兴趣地谈论着有关产品的一些问题，积极地发表自己对产品的一些意见。

二、案例解析

阅读以下案例，并按要求做一做。

李乐是一位微波炉推销员。一天，来了一对穿着入时的年轻人，李乐从他们的亲昵状态迅速判断出这是一对要谈婚论嫁的情侣。他们来到微波炉专柜，转了一圈后，停下仔细观看其中黑色的一款。这时李乐走到他们面前说：“你俩真是好眼力，这款可是当前推出的最新流行款式。”说完，李乐就沉默不语了。那位年轻男子开口了：“1 380元，不便宜呀！”李乐回答：“哦，是不便宜！可以说还有点贵。要不说您好眼力呢，这款同时具备光波、微波及蒸汽三种功能。”年轻女子叹道：“哦，功能挺多的！”

见此情况，李乐开始热情地为他俩介绍这款微波炉独有的功能和方便的操作方式。随着李乐的介绍，那位年轻女子开始用手抚摸微波炉的外壳，并触摸上面的开关，脸上露出满意的笑容。这时年轻男子指着旁边另外一个品牌的产品问："那个也是名牌，怎么价格还比这个便宜200多元呢？"李乐说："那个牌子过时了，怎么能和这个比呢，差好几个档次呢！"李乐拿了一份产品说明书递给那位男子，说："您再对比看看为什么有这200元的差异。"过了一会儿，年轻男子的眉头舒展开了，朝着同行的女子说："就这些便利的功能和高度的安全保障，贵200多元，值！"

年轻女子也笑着说："是呀，安全有保障，我用起来也会安心。要是有红色的就好了。"李乐顺势说："红色的有呀，红色是喜庆、幸福的颜色，最适合您这样年轻漂亮的女士使用了。今天是消费者权益日，酬宾三天，三天内购买的话还有一把不锈钢水壶的赠品相送呢。要不我先给您留一台，您过两天来的话还可以享受这个活动。"这时年轻男子说："我们今天是出来逛逛的，带的钱也不够，等明天我把钱准备好了再来找你，你看呢？"李乐脸带笑容地把名片递了过去，说："这是我的名片，您来的时候打我的手机，我好把货准备好，这两天生意太好了，这个型号的微波炉卖得很快，您事先约好的话就不会出现断货的情况了。"那位男子接下名片后点点头说："好的，到时候提前打你的手机。"

问题：

1. 以上案例中有哪些成交信号？请找出来进行归类并加以评价。
2. 李乐在推销过程中有哪些不足之处？请指出并加以改进。

评一评

一、解读客户所表现出的信号

信号一（对产品表现出兴趣，出现成交表情信号）：这时表明成交的最佳时机已经到来，推销员应以热情的态度问："您觉得怎么样了？""您是否觉得满意？"

信号二（征求同伴意见，出现成交语言信号）：出现这种情况时，表明客户基本上已有购买意愿了，只想再征求一下别人的意见。此时推销员就要转向客户的同伴，把同伴说服，或者跟同伴谈些与此无关的话而转移其注意力。但是要切记，当推销员与一群客户谈交易时，千万不要只与其中的一两个谈而不管其他人，让他们坐"冷板凳"。

信号三（对介绍无动于衷，成交信号尚未显现）：表明客户对产品不感兴趣，此时不要气馁，而应积极主动地接近客户，调动客户的积极性。例如，可以说："您需要试试吗？""您先试用一下吧？"客户若是接受了建议，表明其兴趣增加了，这时就可以继续介绍产品，直到成交的最佳时机出现。

信号四（对介绍将信将疑，成交信号尚未显现）：此时应把产品拿到客户面前，建议其试试。这样，客户对产品的看法就会受推销员对产品介绍的影响，觉得产品确实像介绍中说的那样好。

信号五（明显有疑虑，成交信号尚未显现）：此时推销员若还跟客户大谈交易，要求成交，必然无效。为了使推销员的工作进行下去，必须消除客户的疑虑。最好的方法是找些题外话来活跃气氛，然后再慢慢地把话题拉回到交易上来，把客户想说的一些话，用自己的方式说出来，减轻客户的压力感。

信号六（反复询问产品质量问题，出现成交语言信号）：表明客户对产品已经产生了深厚的兴趣，并且有意购买了。

信号七（眼神透露出对产品的兴趣与好感，出现成交表情信号）：这种情况表明客户已经有了强烈的购买欲，推销员可以大胆地提出成交建议。

信号八（仔细看资料或饶有兴趣地发表评论，出现成交行为信号）：这两种客户其实都是对产品颇感兴趣的人，前者表示对产品有兴趣，后者表示对企业、产品或推销员有兴趣。此时正是提出成交的最佳时机。

二、案例解析

1. 识别成交信号

在李乐的案例中，可以看到有多种有利于成交的信号在其中表现出来：

来了一对穿着入时的年轻人（年龄、穿着）……从他们的亲昵状态（表现）迅速判断出这是一对要谈婚论嫁的情侣（需要购置家电）……停下仔细观看其中黑色的一款（动作信号）……年轻女子叹道："哦，功能挺多的！"（语言信号）……开始用手抚摸微波炉的外壳（动作信号），并触摸上面的开关，脸上露出满意的笑容（表情信号）……年轻男子的眉头舒展开了（表情信号），朝着同行的女子说："就这些便利的功能和高度的安全保障，贵 200 多元，值！"（语言信号）……年轻女子也笑着说："是呀，安全有保障，我用起来也会安心（语言信号）。要是有红色的就好了。"

2. 分析不足，加以改进

李乐在推销过程的不足在于：在对方已经表现出较明显的成交意愿情况下，没有及时抓住时机尝试立即促成交易，而是将生意机会往后拖延使之变成一种不确定的情况。也就是说，推销员应该努力把握当下的机会，寻找各种可能促成交易的机会，并要努力化被动为主动。

李乐如果采用以下方式可能会更好：

……李乐顺势说："红色的有呀，红色是喜庆、幸福的颜色，最适合您这样年轻漂亮的女士使用了，要不我先给您拿一台（尝试促成交易）？"这时年轻男子说："我们今天是出来逛逛的，带的钱也不够，等明天我把钱准备好了再来找你，你看呢？"李乐说："今天是消费者权益日，我们举行全场酬宾活动，购买这款微波炉可以送一把不锈钢水壶！您可以采用刷卡或分期付款的方式（再次尝试促成交易）……（如果年轻男子的确不能付款时）再说："您确定明天来的话，我可以为您申请保留这个赠品（让客户有亏欠心理），您留个电话吧！（可以联系客户，为生意增添成功机会）这是我的名片，您来的时候打我的手机，我好把货准备好，这两天生意太好了，这个型号的微波炉卖得很快，您事先约好的话就不会出现断货的情况了。"一边面带笑容地把名片递过去……

悟一悟

将做一做环节的演练结果与评一评内容作比较。

思路异同：________________________

方法异同：________________________

需要提高：________________________

心得体会：________________________

思考与练习

一、讨论思考

1. 成交表情信号有哪些？

2. 成交语言信号有哪些?

3. 成交行为信号有哪些?

4. 成交事态信号有哪些?

5. 你能列举出哪些较具体的成交信号? 试举例说明。

二、案例分析

1. 案例一

一位推销中文计算机记事本的女推销员去拜访一位公司经理。她向经理推介了产品，并拿出产品向这位经理做了演示。这位经理接过产品在手上摆弄了半天，很是喜欢。过了一会儿，这位经理说："我有几本名片簿，要把这些名片输进计算机记事本中，需要多长时间？"女推销员说："如果您同意并信得过我的话，我把您的名片簿带回去，输完之后，明天给您送过来。"

问题:

(1) 经理的这句话是什么意思? 是成交信号吗?

(2) 女推销员的做法好在哪里? 如果经理同意她带回去的话意味着什么呢?

2. 案例二

请指出如何解读以下交流中客户所表现出的信号:

(1)"这件衣服的颜色和款式都不错，比较适合我这个年龄段。"

(2) 一位年轻女士在看到一件红色连衣裙后很是兴奋。

(3) 一位客户在同一款式的服装面前反复地比较几种不同的颜色。

(4)"你这种机器能否留下来试用几天？"

(5) 一位女士在离开商店以后再度返回，查看同一件商品。

(6)"你们能提供哪些售后服务？有没有退货政策？"

(7)"你们这里能够刷信用卡吗？"

三、情境模拟

背景资料: 你是一位手机推销员，每天都会接触到大量的客户。

任务: 以 3~4 个同学为一组，先讨论设计一个推销员与客户交谈的情景剧，然后每组派出 2~3 个同学分别扮演推销员和采购经理并当众演练，注意识别成交信号。

课题二　达成交易

小陈是一家计算机专卖店的推销员。公司经营的计算机产品种类齐全，价格也很有竞争力。

一次，在接待一位客户时，小陈发现客户先是非常仔细地阅读了他们公司的产品手册及报价单，然后又饶有兴趣地听小陈介绍产品的性能和优点，还边听边拿起产品手册不时地看上几眼。

“你有其他公司的产品介绍和报价单吗？我想比较一下。”客户环顾了一下四周，突然凝视着小陈的眼睛，满脸微笑地问。

小陈毕恭毕敬地递上同类产品的宣传册和报价单。

客户的眼神有些飘忽，他转动了一下身体，摆弄着手里的钢笔。接着，他拿出计算器认真地比较起来。

“您比较一下就知道了，我们的产品已经很便宜了，您就买一台吧！”

“哦，让我考虑考虑，回头再给你电话，好吗？”客户不置可否，起身走了。

阅读案例，思考以下问题：

*为什么要重视成交技巧?

*成交方法都有哪些?

*如何熟练地应用各种成交方法?

一、成交技巧

1. 自信大胆

有的推销员对成交的困难估计过高，出现畏难心理，有的推销员害怕被拒绝，出现胆怯心理，有的推销员对自己产品没有信心，总是看到自己产品的不足之处，会觉得向客户推销是为了自己的利益而欺骗客户或不能保证产品对客户一定有用等，出现自责心理。这些不自信的态度常常使推销员不能表现出正常的工作能力，导致错误的推销行为。要克服这些心理障碍，最好的解决方法就是推销员充分了解目标客户的需求特征、竞争产品的差异性定位以及自己产品的优点，这样有助于对所推销的产品产生信心，并坚信自己的产品一定能为目标客户带来最恰当的性价比利益。

2. 积极主动

很多时候，客户并不是没有需求或不想要，他们往往需要推销员促使和推动他们做出最终的决策，这个时候推销员就可以积极主动地告诉客户："早一天购买，早一天享受""现在正在进行促销，是购买的大好时机"等。而不能被动等待客户先开口提出成交建议，以免白白失去成交机会。

二、常用的成交方法

1. 请求成交法

请求成交法又称为直接成交法，这是推销员向客户主动地提出成交的要求，直接要求客户购买产品的一种方法。

（1）使用请求成交法的场合

1）面对熟悉的老客户时，推销员对老客户的需要比较了解，而老客户也了解过推销员的产品，因此老客户一般不会反感推销员的直接请求。

2）客户对推销的产品有好感，并流露出购买意向，可又一时拿不定主意或不愿主动提出成交要求时，推销员可以直接请求成交。

3）客户对推销的产品产生兴趣，但思想上还没有意识到成交的问题，这时推销员在回答了客户的提问或详细地介绍了产品之后，就可以提出成交的请求，让客户意识到该考虑购买的问题了。

（2）使用请求成交法的优点

1）快速地促成交易。

2）充分地利用各种成交机会。

3）节省推销的时间，提高工作效率。

4）体现推销员灵活机动、主动进取的销售精神。

（3）请求成交法的局限

请求成交法如果应用的时机不当，可能给客户造成压力，破坏成交的气氛，反而使客户产生一种抵触成交的情绪，还有可能使推销员失去成交的主动权。

示例：

推销员：王小姐，这个课程的订购单您看一下，这套课程总价是 2 800 元，如果您需要请在这个订单上签好名字，这个课程一共 24 讲。冒昧地问一下，您办公室的电话是多少？

王小姐：××××××××。

推销员：××××××××，好的。

这时客户并没有反对的表示，就可以请求客户确认订货单，让客户签名（这时推销员要有一个直接递笔的动作，这是一个推销技巧，让客户快速做决定）。

2. 假定成交法

假定成交法是指推销员在假定客户已经接受推销建议、同意购买的基础上，通过提出一些具体的成交问题，直接要求客户购买产品的一种方法。

假定成交法的主要优点是可以节省时间、提高销售效率，可以适当地减轻客户的成交压力。

示例：

（1）“张经理您看，您有了这件设备以后，就可以省很多电，而且成本也有所降低，效率也提高了，这样不是很好吗？”

（2）“童女士，我们把这次公开课安排在下个星期五和星期六两天，您那里可以派几个人过来呢？”

3. 选择成交法

选择成交法就是直接向客户提出若干购买的方案，并要求客户选择一种购买方法，其要点就是使客户回避要还是不要的问题。例如，“先生，您是选择蓝色的，还是棕色的”“您是刷卡还是付现金呢”等。

（1）运用选择成交法的注意事项

推销员所提供的选择事项应让客户从中做出一种肯定“买”的回答，而不要给客户拒绝的机会。向客户提供选择时，尽量避免向客户提出太多的方案，最好的方案是两项，最多不要超过三项，否则就不能够达到尽快成交的目的。

（2）选择成交法的优点

1）可以减轻客户的心理压力，制造良好的成交气氛。

2）从表面上看，选择成交法似乎把成交的主动权交给了客户，而事实上就是引导客户在“怎样买”这一范围内进行选择，可以有效地促成交易。

示例：

某商场休息室里经营咖啡和牛奶，服务员A总是问客户：“先生，喝咖啡吗？”或者是：“先生，喝牛奶吗？”，而另一位服务员B则总是问客户：“先生，喝咖啡还是牛奶？”结果，B的销售业绩总是好过A。究其原因在于，A的提问方式通常得到的回答是“不喝”，而B的提问是选择成交式的，在大多数情况下，客户会选择咖啡或牛奶中的一种。

4. 小点成交法

小点成交法又叫作次要问题成交法或者避重就轻成交法。它利用客户的成交心理活动规律，不是直接提示客户比较敏感的重大成交问题，而是向客户提出比较小的次要成交问题，这样逐渐由小到大，先小点成交，再大点成交，最后促成客户做出购买决策。

小点成交法通常适用于以下场合：客户不愿直接涉及决策的重大问题而只对成交的某些具体问题产生兴趣；推销员看准成交信号，购买决策的关键只在于某一小点，如款式、颜色、交货时间或付款方式等；推销员未发现任何成交信号，需做出能够避免冷遇或反感的成交尝试；成交气氛比较紧张，客户的成交心理压力太大，交易无法直接促成；客户对某些特殊品的购买决定只依据某一特定的小点问题。

示例：

某办公用品推销员到某单位推销碎纸机。办公室主任在听完产品介绍后摆弄起样机并自言自语道：“东西是挺合适，只是办公室这些小年轻的毛手毛脚，只怕没用两天就坏了。”推销员一听，马上接着说：“这样好了，明天我把货运来的时候，顺便把碎纸机的使用方法和注意事项给大家讲讲，这是我的名片，如果使用中出现故障，请随时与我联系，我们负责维修。主任，如果没有其他问题，我们就这么定了？”

5. 优惠成交法

优惠成交法又称为让步成交法，是指推销员通过提供优惠的条件促使客户立即购买的一种方法。

示例：

（1）“张总，我们这段时间有一个促销活动，如果您现在购买我们的产品，我们可以给您提供免费培训，还有3年免费维修。”

（2）“黄经理，这批产品质量不错，你最好多订些，超过1 000件，我给您打9折。”

（3）“大姐，如果您在我们这里一次性订购20桶纯净水，我们可以送您一台饮水机。”

6. 保证成交法

保证成交法是指推销员直接向客户提出成交保证，允诺担负交易后的某种行为，使客户立即成交的一种方法。

保证成交法适用于产品单价过高，缴纳金额比较大或风险比较大，客户对此种产品并不十分了解，对其特性、质量也没有把握，产生心理障碍而成交犹豫不决等情况。此时，推销员应该向客户提出保证，以增强其购买信心。

示例：

（1）“您放心，这台机器我们3月4日给您送到，全程的安装由我亲自监督。等没有问题以后，我再向总经理报告。”

（2）“您放心，您这项服务完全是由我负责，我在公司已经有5年的时间了。我们有很多客户，他们都是接受我的服务。”

7. 从众成交法

从众成交法也叫作排队成交法，它是利用客户的从众心理，驱动其购买。

示例：

在一间办公室里，推销员拿着样品对客户说：“程经理，这种生榨果汁今年很受消费者的欢迎，本市好几家大酒店都订了我们的货，如果贵酒店也愿意经销的话，我们可以每天送货上门。”当经理听到几家代表性的大酒店都买了后，就没有再仔细盘问下去，而是很快接受了推销员的建议。

8. 机会成交法

机会成交法的实质是推销员通过提示成交机会，限制成交内容和成交条件，利用人们怕失去某种利益的心理来促成交易。

示例：

（1）“这种产品今天是最后一天降价……”

（2）“我们这台机器只剩下 3 台了，我们最后的优惠时间只有一个星期了……”

（3）在某商店里，客户拿着衣服看了又看，犹豫了半天也决定不下来。这时，推销员对客户说：“这个品牌服装的促销活动到今天结束，过了今天将恢复原价销售，明天您就拿不到这个优惠价格了。”

9. 异议成交法

异议成交法就是推销员利用处理客户异议的机会直接要求客户成交的方法，也可称为大点成交法。因为凡是客户提出的异议，大都是购买的主要障碍，如果推销员发现客户的异议正是客户不愿意购买的理由，只要能够成功地消除这个异议，就可以有效地促成交易。

示例：

王小姐：我现在没有办法决定一次买 4 套。

推销员：王小姐，我非常理解您的心情，我相信您要购买这个产品，一定要经过您的上级主管来批准是不是？但是您想想看，这个课程您只购买一套，但您有 60 多个学生，60 多个学生一起看这套课程，那是不是很不方便，而且不同层次的学生应该看不同层次的教程是不是？您购买 4 套的理由应该是可以成立的。对不对？

10. 小狗成交法

小狗成交法来源于一个小故事：一位妈妈带着小男孩来到一家宠物商店，小男孩非常喜欢一只小狗，但是妈妈拒绝给他买，小男孩又哭又闹。店主发现后就说：“如果你喜欢的话，就把这只小狗带回去，相处两三天再决定。如果你不喜欢，就把它带回来。”几天之后全家人都喜欢上了这只小狗，于是妈妈来到了宠物商店买下了这只小狗。

有统计表明，如果准客户能够在实际承诺购买之前，先行拥有该产品，交易的成功率将会大为增加，这就是先使用、后付款的小狗成交法。一般人们对于未拥有过的东西不会觉得有损失，但当其拥有后，尽管认为产品不那么十全十美，一旦失去还是会有一种失落感，甚至产生缺了就不行的感觉。

示例：

推销员：张小姐，我今天带了一套课程来，您可以先试看一下，三天以后我给您打电话，如果您觉得不错，我就把配套的三套课程都送过去。好吗？

张小姐：好的。

推销员：那这套课程您先看，我就不打扰您宝贵的时间了。

11. 饥饿成交法

饥饿成交法是通过让产品处于供不应求的状态来促成交易的方法。事实上这种产品未必是真的供不应求，而是使产品的供求之间始终保持时间差（如几天的时间）用以促使客户做出购买决定。

一般这种方法适用于名优产品，只有这种产品才会使客户有耐心去等待，一般产品是没有这种吸引力的。因此，在使用这种方法时，首先要考虑产品的条件是否合适，其次要把握好让客户保持“饥饿”状态的时间，避免时间过长使客户“饥不择食”而去选购其他的产品。

示例：

吉利领克 01 汽车的官方售价爆出的时候，指导价高达 17 万～24 万元，比哈弗的高端品牌汽车贵了好几万元，消费者纷纷感叹这个售价太高了，上市以后肯定没有人买。但是当吉利领克 01 汽车于 2017 年 11 月开启预售的时候，限量的 6 000 多台汽车在 130 秒内被抢完，在消费者看来高昂的定价，并没有影响领克 01 的火爆销量。

吉利领克 01 汽车成功地运用了饥饿成交方法。首先，吉利领克 01 汽车在预售前已经宣传了很长时间，每一次放出有关吉利领克 01 汽车的消息，第二天都会上新闻头条，保持了非常高的热度；其次，吉利领克 01 汽车是限量预订；最后，吉利领克 01 汽车的抢购系统无法插队、无法修改，就连企业内部人员也不能搞特殊，想第一时间体验吉利领克 01 汽车，只能凭借手速，让消费者真正感觉到要抢才能得到。

当然，采用饥饿成交法是需要具备一流的软硬实力的：软实力就是品牌要够强够大；硬实力就是产品确实先进、有技术含量，具备比同类产品领先的差异化特性。

12. 欲擒故纵成交法

欲擒故纵成交法是指推销员虽然想做成某笔交易，却装出满不在乎的样子，将自己的急切心情掩盖起来，似乎只是为了满足对方的需求而来谈判的，使对方为了达成交易而主动让步，从而实现先“纵”后“擒”的目的。

示例：

客户：这款西装有灰色的吗？

推销员：很抱歉！这个颜色今年非常畅销，现在已经断货了。

客户：那什么时候才有货到？

推销员：说不准，快的话也要10天吧，厂家的订单生产不过来。

客户：那怎么办啊？

推销员：我也没办法，虽然还有一套，但前两天别的客户已经订了，我还是不能卖给您。（停顿一下）您真的急着要吗？要不这样，这套您就先拿去吧，回头我再和那位客户解释一下。

13. 富兰克林成交法

客户在面临作决定的关键时刻，总会犹豫不决，富兰克林成交法就是鼓励客户去考虑事情的正、反面，进行充分的理性购买分析，突出购买是正确决策的方法。

在运用富兰克林成交法时，推销员可以先对客户说：“我们可以一起来决定一下您是否应该购买这款产品。”然后在一张纸上画出两栏，呈“T”字形，左边表示肯定，右边表示否定。即把购买该产品的一切有利点按照轻重缓急进行排序写在左栏，将客户感知到和可能感知到的不利点写在右栏，帮助客户充分分析利弊而做出决定。这份利弊卡有两种写法，一种是买卖双方各写一份，另一种是推销员写肯定，客户写否定。其中，第二种做法更便于客户进行利弊比较，说服力更强，并且，在时间和信息有限的情况下，客户可能不会突然想出太多的否定因素，从而有利于卖方。但须注意，在与客户一起列缺点时，缺点不应超过三点，除非特别突出的缺点，否则就不要列出。

这种方法适合于果断型和分析型的客户，也适合于已有多次接触，彼此间建立了一些人际关系的客户。

示例：

推销员：陈总，刚才我已经介绍了我们的传真机产品，而且也给您进行了演示。现在请允许我就贵公司目前实际使用传真机的需求状况和立场来评估这台传真机的优点与缺点。如果您不介意的话，我想把它们在纸上描述出来。

（取出一张纸，在中间画一条线，左边写上有利点，右边写上不利点，等待陈总的许可。）

……

推销员：陈总，您看（将有利点、不利点分析表再次递给他看）。

有利点	不利点
★用普通纸即可接收传真 ★ 30 张 A4 纸的记忆装置，不会遗漏商机 ★速度快，有利于节约电话费 ★不需要经常换纸，而且缺纸时一眼就可以发现 ★节省纸张成本	★体积较大 ★价格较高

您选择这台传真机，不但能提升工作效率，还可以节省费用，越早换机就越有利。陈总，您看是不是明天就把机器送过来？

陈总：（拿着那张表，从左到右看了几遍，又沉默了许久，最后点了点头）那好吧，你先送一台过来试试看。

14. 问题缔结法

心理学的统计发现：如果你能持续问对方 6 个问题，并且让他连续回答 6 个“是”，那么当第 7 个问题或要求提出时，对方很可能回答“是”。在推销中，借助这一心理现象，设计一系列相互关联的而且只能以“是”回答的问题询问客户，使客户产生一种惯性，从而促成交易行为发生的方法，被称为问题缔结法或“6+1 成交法”。但要注意，在问题设计中尽量避免说一些绝对性的加重语气的词汇，如“一定、绝对、百分之百”等。

示例：

推销员：请问您是住在这里吗？

准客户：是的。

推销员：我们在你们小区附近做一些关于教育的调研，请问我可以问您一下对于教育的看法吗？

准客户：好的。

推销员：请问您相信教育和知识是一件有价值的事情吗？

准客户：是的。

推销员：如果我们放一套百科全书在您家里，而且是免费的，只是用来展示，请问您能接受吗？

准客户：可以。

推销员：请问我可以进来向您展示一下我们这套百科全书吗？我是想把这套书放在您家里，当您的朋友到您家里看到这套书时，如果他们有兴趣，您只要告诉我他们的联系电话，我就可以和他们联系。

准客户：那就请进来吧。

通过类似的问答，该客户付了几百元买了一套百科全书摆在自己的家里。

15. 正面心理法

正面心理法就是利用客户的正面心理反应（如无法抗拒家人、友人对自己的期望心理等），令其下定决心购买的一种促成方法。

示例：

一对夫妻走进某品牌服装专卖店，女客户在挑选了良久之后，终于选择了其中的一款，不过价格比较贵，夫妻脸上均闪现了一丝的犹豫。

推销员见状，不动声色地对女客户说："太太，这衣服就像专门为您设计的一样，既能衬托出您的好身材，又能展示出您的高贵气质，真是太漂亮了！"女客户此时微扭过头，看着男客户。

"太太，您的衣服都是先生买的吧！您真是太幸福了，您先生这么疼您！"推销员接着说道。

听完推销员的话，女客户脸带幸福感地望了一眼先生，而此前一直没说话的男客户很爽快地对推销员说道："就买这件了！"

16. 反面心理法

有些客户的性格比较另类、逆反，希望自己能够与众不同或引起别人重视等，反映到他们的思维方式和行为上，也与常人不一样。推销员在接待这一类客户时，可针对他们的特殊心理，通过反面刺激来激发他们的某些特定心理和动机，从而巧妙地达成交易。

示例：

（1）有对较有名望的商人夫妇一起到商店选购首饰。他们对一款99.8万元的翡翠手镯很感兴趣，只是因价格昂贵而犹豫不决。这时，在一旁察言观色的推销员走了过来，对他们说道："先生、太太真是好眼力，一下子就挑中了这里最好的东西。您知道吗？去年南美洲某国总统夫人来我们店时，也曾经看中了这款手镯，而且非常喜欢，但由于价格太高而最终没买。我不敢确定您是否也……"经推销员这么一讲，商人夫妇二话不说地当即掏钱买下了这只手镯。

（2）推销员：这么昂贵、豪华的衣服，我好像觉得不适合于您的工作环境。我建议您还是看看档次稍低一点的吧，那也许更适合您的需要。

客户：不用了，我觉得这件挺适合我的，就要这件了！

在实际推销过程中，推销员要抓住有利成交机会，看准成交信号，针对不同的客户，灵活应用各种成交方法，及时有效地达成交易，以实现推销目标。

三、成交环节中易犯的错误

1. 因画蛇添足而未能实现成交

客户是各种各样的，并不是所有客户都需要一个完整的推销展示过程，所以当客户已经表示"买"时，仍然按部就班地进行推销展示就是多余的了。

2. 有不正确的认识倾向

如果推销员对自己或所推销的产品心存疑惑，客户就会感觉到，因而有可能拒绝购买。

3. 成交方法单一

如何提出成交请求是一种技术，它需要不断改进、提高。推销员应有意识地促使自己学习和使用一些新颖的成交意向表达方式。

4. 没能不懈努力

如果在听到第一次"不"之后就泄气了，推销员也将成功的可能性束缚了起来。

5. 成交后滞留时间过长

一旦成交，应在感谢客户之后立即离开，滞留时间过长容易节外生枝。

课堂演练

做一做

借口一：我要考虑一下

借口二：太贵了

借口三：市场不景气

任务：破解成交环节中常见的借口。

评一评

一、客户说："我要考虑一下。"

对策：时间就是金钱。机不可失，失不再来。

1. 询问法

通常在这种情况下，客户对产品是感兴趣的，但可能是还没有弄清楚推销员的介绍（如某一细节），或者有难言之隐（如没有钱、没有决策权）不敢决策，或者就是推托之词。所以要利用询问法将原因弄清楚，再对症下药。例如，"先生，我刚才到底是哪里没有解释清楚，所以您说您要考虑一下？"

2. 假设法

向客户表明假设马上成交，客户可以得到什么好处，如果不马上成交，有可能会失去什么利益等，利用人的逐利性迅速促成交易。例如，"先生，看得出您对我们的产品很感兴趣。假设您现在购买，将可以获得 ××（外加礼品）。""我们一个月才来一次（或才有一次促销活动），现在有许多人都想购买这种产品，如果您不及时决定，将会……"

3. 直接法

通过判断客户的情况，直截了当地向客户提出疑问，以快速清除成交主要障碍。例如，"先生，说真的，会不会是钱的问题呢？"

二、客户说："太贵了。"

对策：一分钱一分货，其实一点也不贵。

1. 比较法

（1）与同类产品进行比较，如："市场上 ×× 牌子要 ×× 钱，这个产品比 ×× 牌子便宜多啦，质量还比 ×× 牌子的好。"

（2）与同价值的其他物品进行比较。如："×× 钱现在可以买 a、b、c、d 等几样东西，而这种产品是您目前最需要的，现在买一点儿都不贵。"

2. 拆散法

将产品的几个组成部件拆开来，一部分一部分来解说，每一部分都不贵，合起来就更加便宜了。

3. 平均法

将产品价格分摊到每月、每周、每天，尤其对一些高档服装销售最有效。如："这个产品您可以用多少年呢？按 ×× 年计算，共有 ×× 月 ×× 天，您每天只要花 ×× 钱，就可获得这个产品，一点也不贵！"

4. 赞美法

通过赞美让客户感觉被认同从而促使其做出购买决定。如："先生，一看您就知道平时很注重 ××（如仪表、生活品位等），太适合购买这种产品（或服务）了。"

三、客户说："市场不景气。"

对策：不景气时买入，景气时卖出。

1. 讨好法

向客户说明市场不景气时，做决策需要勇气和智慧，许多成功人士都在不景气的时候建立了他们成功的基础。通过赞美客户聪明、有智慧等达成交易。

2. 化小法

通过说明市场环境变化是宏观的，个人无法改变，对每个人来说在短时间内还是按部就班，一切"照旧"。这样将事情淡化，就会减少宏观环境对交易的影响。如："这些日子有很多人谈到市场不景气，但对我们个人来说还没有什么大的影响，所以说不会影响您购买 ×× 产品的。"

3. 例证法

举前人的例子、成功者的例子、身边的例子、一类人的群体共同行为例子、名人的例子等，让客户产生购买冲动。如：“先生，×× 人 ×× 时间购买了这种产品，用后感觉（如有什么评价、对其有什么改变等）……相信您今天也会选择这件产品。”

悟一悟

将做一做环节的演练结果与评一评内容作比较。

思路异同：________________

方法异同：________________

需要提高：________________

心得体会：________________

思考与练习

一、讨论思考

1. 推销员在成交环节有哪些成交技巧？

2. 常用的成交方法有哪些？

3. 推销员在成交环节要注意防止出现哪些失误？

4. 回想自己的购物经历，你能列举出哪些成交环节中推销员犯的错误？试举例说明。

二、案例分析

推销员老黄带着小张前去拜访教委的一位处长，推销商务掌上记事本。小张开始向处长详细地介绍产品，并拿着样品向处长做了演示。处长接过记事本摆弄一番，说：“这东西不错。这样，我现在还有点事，过几天我给你打电话。”

小张：“那我等您电话。”

老黄这时却站了起来，走到处长的办公桌前，向处长问道：“处长，使用记事本很方便，您说对吗？”

处长点点头说：“是很方便。但我今天有点事，改天再谈吧。”

老黄：“公司总部的几位经理都买了这种记事本，他们都感觉使用起来很方便。”

处长：“是吗？”

老黄：“是的，而且这种产品目前是在试销期，价格是优惠的，试销期以后，价格就会上涨10%，这么好的产品，您为什么不马上就买呢？”

处长默默地看着老黄，终于点点头说：“好吧，买一台。”

问题：

1. 小张与老黄的区别在哪里？说明了什么？

2. 老黄在成交环节使用了什么推销技巧和方法？

三、情境模拟

以两人为一组，利用周末去当地主要商业圈进行实地观察，仔细观察和记录几个推销员和客户之间的对话场景，回来后选取两个有代表性的案例写成情景剧，并对推销员达成交易的技巧和方法做出评价。

课题三　签订买卖合同

你辛辛苦苦找到了客户，又苦口婆心地解决了客户的种种疑问，并运用各种技巧促使客户最终做出了购买的承诺，而你正在为此交易的达成而庆贺的时候，不想，客户的一个电话就取消了订单。

阅读案例，思考以下问题：

* 为什么要重视合同的签订？
* 在签订合同时应该注意哪些事项？

对于销售过程较长的产品推销，只有与客户订立买卖合同后，才算真正意义上的成交，买卖才有法律效力。一般要求推销员与客户签订书面形式的合同。书面形式是指合同书、信件、数据电文（包括电报、传真、电子数据交换和电子邮件）等可以表现所载内容的形式。

一、订立合同的原则

1. 买卖合同主体必须有法定资格

《合同法》规定："当事人订立合同，应当具有相应的民事权利能力和民事行为能力。"也就是说，当事人必须有相应的主体资格。

2. 当事人的委托必须有法律资格

在现实生活中，有些当事人由于各种原因，往往需要委托代理人来订立合同。当事人委托代理必须依法进行。代理行为必须符合法律规定。

3. 买卖合同的形式必须符合法定形式

订立合同的形式有书面形式、口头形式和其他形式。其中书面形式有利于督促当事人全面认真地履行合同，发生争议也便于分清责任和举证。而口头形式与其他形式无文字依据，发生纠纷难以举证，不易分清责任，当事人的合法权益难以得到保护。

二、买卖合同的内容

1. 当事人的名称（或姓名）和住所

合同当事人的姓名和住所，如果是法人，则需法人的名称和地址。必要时还可查看当事人的身份证或营业执照。

2. 标的

标的是指合同当事人权利和义务共同指向的对象。如果是买卖合同的话，需要说明货物的名称、规格型号、购买数量等；如果是劳务合同，则要说明劳务的类型、标准等。

3. 数量

数量是指标的数量。合同的数量要准确、具体。当事人计算标的的数量要采用国家规定的计量单位和计量方法。

4. 质量

质量是标的物内在素质和外观形式优劣的标志，在买卖合同中应该做出明确的规定。

5. 价款

价款的确定要符合国家的价格政策和价格管理法规；价款的支付，除法律另有规定外，必须要用人民币支付；价款的结算，除国家规定允许使用现金外，必须通过银行办理转账或票据结算。确定价款时要注意货币单位。

6. 交货的期限、地点和方式

交货期限就是交（提）货物的日期。交货地点就是当事人交（提）货物的具体地点。不允许签订没有具体交（提）货物期限和地点的合同。交货方式是指采用什么样的方法来交提货物，如是一次还是多次交货；是供方送货、需方自提，还是代办托运；是汽车送达还是火车送达等。

7. 违约责任

违约责任是指当事人一方或双方出现拒绝履行、不适当履行或者不完全履行等违约行为以后，对过错方追究的责任。违约责任的具体条款，当事人可以依据《合同法》在合同中进一步约定。

8. 解决争议的方法

我国目前解决合同争议的方法有四种：一是当事人自行协商解决；二是请求有关部门主持调解；三是请求仲裁机关仲裁；四是向人民法院提出诉讼。合同当事人可以在合同上写明可以采取何种解决争议的方法。

除此之外，合同中还包括包装方法、检验标准和方法等条款。

三、签订买卖合同

签订买卖合同一般有两种方式。

1. 面谈签订

面谈签订合同不经过中间环节，有利于推销员和客户充分地表达意见和意愿，对合同的各项条款可以反复协商。面谈签订在合同签订方式中占有极其重要的地位。

2. 通信签订

通信签订方式是当事人双方距离较远，或为方便起见，双方不直接面谈，而采用信件、传真、电子邮件等通信方式签订合同。这种合同比较适合与老客户签订买卖合同。

四、签订买卖合同时的注意事项

1. 明确写好合同当事人双方单位的全名。

2. 合同的文字、标点要规范、标准，不用含混不清的词句。

3. 签订合同所需的印章要齐全，在合同签完后，务必要加盖双方当事人单位的公章、法人单位法定代表人或行政负责人名章以及承办人员名章。

4. 合同订立的手续要完整。有的合同需要批准、鉴证或公证，要分别办好所需手续。

5. 合同必须设正本两份，由当事人双方各执一份。合同的副本应分别报送双方上级主管部门及工商行政管理部门。

五、买卖合同的格式

推销员经常会接触到买卖合同，下面以一份商品买卖合同作为范本供参考。

冬季瓜菜买卖合同

甲方：____________

乙方：____________

为了促进____________农业生产的发展，进一步完善____________农产品产、运、销一体化运作机制，提高农业经济市场化、产业化和规模化的发展水平，充分满足全国城乡居民对____________反季节瓜菜的需求，甲、乙双方本着平等、友好、诚信、互利的原则，就双方今冬、明春____________反季节瓜菜代购代销合作达成如下协议，供双方共同遵守。

第一条　基本合作内容

1.1　甲方保证及时、准确地向乙方提供本地农产品的种植面积、区域分布、上市时间、总产量预测等信息资料，以便乙方制订市场营销工作计划。

1.2　甲方根据乙方的订单负责当地的瓜菜收购和包装工作，确保乙方所需反季节瓜菜的货源组织和供应；乙方负责瓜菜的运输和销售。

1.3　甲方保证优先向乙方提供____________反季节瓜菜，平均日货量不低于____________吨；乙方保证优先向甲方订购____________反季节瓜菜（甲方不能确保乙方所需瓜菜的品质和数量情况除外）。

1.4　甲方协助乙方在当地开展农作物新品种和农业生产技术的推广业务，整合本地的农业资源，以推动本地农场企业与乡镇企业的农业信息网络工程。

第二条　订货方式、数量及价格

2.1　乙方每次订货可以电话、传真或电子邮件通知甲方，甲方同意后再以电子邮件或书面传真确认，详列所需瓜菜品种、等级规格、数量、质量要求、收购价格及交货时间、地点等，传真原件须乙方经办人签名并加盖乙方单位公章生效。

2.2　乙方每次订货一般总量不少于5 t货车标准配载（空运货物除外），低于5 t货车标准载量，乙方应提高瓜菜收购代理费标准。

2.3　甲方保证以最高优惠的价格向乙方供货，在保证瓜菜品质的前提下尽可能降低瓜菜的收购成本价。具体瓜菜品种的具体收购价格和代理费由双方根据当时的市场行情确定。

第三条 品种、等级、质量及包装

3.1 乙方所需瓜菜的品种、等级和质量由双方按照中国绿色通道电子商务网所提供的____________农产品等级标准确定，没有标准的则由双方看样协商确定。

3.2 甲方确定每次瓜菜的采收时间，确保所收购的瓜菜干净、新鲜，不掺杂土泥沙，没有农药和化肥等污染，符合绿色食品的标准，适合储藏和长途运输，完全满足乙方对瓜菜的时间和品质要求。

3.3 瓜菜包装费用标准由双方根据不同的瓜菜品种和运输要求确定，包装物可由甲方负责提供，包装费用由乙方承担。需回收的包装物由乙方负责回收交还甲方。

第四条 交货、验收、装车及运输

4.1 甲方应在规定的时间和地点按时、按质、按量交货，并及时通知乙方，由乙方经办人根据双方确定的等级、质量标准及包装要求进行验收。

4.2 甲方负责组织人员根据承运人的要求及时装车并承担相应的责任和费用。甲方有义务协调因收购、装车等因素所引发的民事、交通纠纷，保证承运人、运输车辆及所装载瓜菜的安全和通行无阻。

4.3 运输车辆一般由乙方负责调派。甲方可向乙方推荐本地承运人，但须保证所荐承运人的商业信誉和承运车辆的车况良好，适合承运乙方本次所订购的瓜菜。

第五条 费用支付及结算方式

5.1 乙方应在每次下单的当天，根据双方核定的费用总计以电汇、转账或现金方式支付给甲方（特殊情况下可放宽至乙方收货后的十天之内）。

5.2 甲方委托乙方代销瓜菜时，乙方只需担保货款的及时回收，而无须承担任何费用支出。瓜菜销售完毕后，乙方应在十天内向甲方支付其所得的全部款项。

第六条 甲方的违约责任

6.1 甲方所交货物的品种、数量、质量或包装明显不符合双方确认的标准，甲方应向乙方支付货款总值____________%的违约金并赔偿乙方相应的损失。

6.2 甲方未能在规定的时间和规定的地点按质、按量交货而造成逾期交货，乙方有权提出折价处理或拒收全部瓜菜，并要求甲方承担乙方因此多支付费用和全部损失。

6.3 因装车人员组织不力而延误时间造成损失或因收购、装车引发当地民事、交通纠纷而造成损失，甲方应承担因此而造成的所有费用支出和相应的损失。

第七条 本合同一式两份，双方各一份，其他事项可另行协商。

甲方（盖章）：______________	乙方（盖章）：______________
法人代表（签字）：______________	法人代表（签字）：______________
______年______月______日	______年______月______日

课堂演练

做一做

李华前段时间一直在考虑买房，终于在近日看到了一套二手房。房主是他的一个朋友的亲戚，双方为了节省一笔中介费用，准备不通过中介，自己办理买卖手续。

1. 请帮助李华起草一份买卖合同，并由两位同学现场模拟签订此份合同。

2. 由其他同学对拟订的买卖合同进行审核和评价，指出其中的不足之处。

评一评

一、签订上述买卖合同的注意事项

1. 合同必须包含买卖双方名字及身份证号码，并且要填写正确。

2. 合同标的物一定要写真实，要按照房屋产权证上的房屋坐落写，不要缩写或少写，尤其是房屋面积及房产证号。

3. 合同的价款要写正确，并且一定要写清楚价款的含义，即要交代清楚房屋交易的税费、办理证件手续的费用归谁负担等问题。另外，付款方式也要写清楚，要用大写数字（壹、贰、叁、肆、伍、陆、柒、捌、玖、拾、佰、仟、万）写清价款。

4. 付款时间、交房时间及办理离房手续的时间一定要具体到某天某月某日，以免因信息模糊而造成纠纷。

5. 双方的责任和义务要约定清楚，如如何办理相关手续及期限等。

6. 对于代理人或委托人必须有合法的委托代理手续，这样其才有权力签订此合同，否则这样的买卖合同对被代理人是无效的。

7. 买卖双方的签字必须是本人亲自签写，不允许代签，签字后要盖章，个人一般要求按手印。

8. 如有其他特殊约定，要写清楚，如户口何时迁移等问题。

9. 要约定好合同生效日期及违约责任，重点要约定好延期付款和延期交房的责任。

10. 要约定好免责条款及出现纠纷时如何解决等。

11. 签订日期不能漏写，所有要填写的地方不要用圆珠笔或铅笔填写。

二、范例

房屋买卖合同书

甲方（卖方）：×××　　身份证号：××××××××××××××××××

联系电话：×××××××××××

乙方（买方）：×××　　身份证号：××××××××××××××××××

联系电话：×××××××××××

甲、乙双方就房屋买卖事项，经协商一致，达成以下合同条款：

一、甲方自愿将坐落在××市××区××路××小区××号楼××单元××房（建筑面积××平方米，房屋产权证号：×××××）房地产出卖给乙方（附房产证复印件及该房产位置图）。

二、双方议定上述房地产总价款为人民币（大写）×百×拾×万×千×百×拾×元整，即人民币（小写）×××××××元。

三、乙方在签订本合同时，支付定金人民币（大写）×万×千×百×拾×元整，即人民币（小写）×××××元。

四、乙方支付定金之日起××日内，向甲方支付首付款（定金从中扣除）人民币（大写）×万×千×百×拾×元整，即人民币（小写）×××××元。首付款之外的款项通过银行住房按揭方式交付（有关期限和程序按照所在按揭银行规定办理）。

五、甲方保证该房产合法、权属清楚、无抵押无担保、有合法的土地使用权

（已交纳土地出让金）。

六、办理房产证手续过程中所产生的有关税费由 × 方承担。

七、乙方支付首付款后，甲方即积极配合乙方办理有关房产过户手续，待房产过户到乙方名下之时，乙方应向甲方付清全部房款余额。

八、甲方应在乙方付清全部房款后 ×× 日内将该房产交付乙方使用；届时甲方应确保该房产：无任何担保、抵押、产权纠纷，无人将户口落户在本房屋，无人租住、使用，无电话费、水电煤气费、物业管理费、取暖费、入网费、有线电视费等欠账。

九、本合同签订后，如一方违反本合同条款，该方应向对方支付 ××××× 元的违约金；一方如不能按规定交付房产或按规定支付房款，每逾期 1 日，应向对方支付人民币 ×× 元罚金，逾期 30 日视为毁约；如因政府及银行规定，本合同涉及房产手续客观上不能办理过户或银行不能办理按揭导致合同解除，不适用本条款。

十、交付该房产，甲方不得损坏该房产的结构、地面和墙壁及不适移动的物件，并将空调（型号：　　）、热水器（型号：　　）、饮水机（型号：　　）、房内灯具、前后门窗窗帘、橱卫设施等一并让与乙方（含在房屋价值内）。

十一、双方在履行本合同中如发生争议，应协商解决。若协商不成，依法向人民法院提起诉讼。

十二、本协议一式两份，具有同等法律效力，自双方签字之日生效，未尽事宜可由双方协商通过本合同附加条款解决。

十三、附加条款：

甲方（卖方）：　（印）　　　　乙方（买方）：　（印）

身份证号：　　　　身份证号：

住址：　　　　住址：

电话：　　　　电话：

年　月　日　　　　年　月　日

悟一悟

将做一做环节的演练结果与评一评内容作比较。

要素齐全：________________________________

规范完整：____________________

需要提高：____________________

心得体会：____________________

思考与练习

一、讨论思考

1. 订立买卖合同必须符合哪些原则？
2. 买卖合同通常包含哪些要素？
3. 推销员在签订买卖合同时，要注意防止出现哪些失误？

二、案例分析

李老汉家里养有50只山羊。2018年4月，李老汉将自己的50只山羊一次性卖给本乡“全羊馆”餐厅的周老板。为慎重起见双方签订了书面合同，对价格及有关事项达成协议，只是在交款方式上，周老板提出由于目前手头较紧，待50只山羊全部卖完后再付款。李老汉心想，“全羊馆”一天至少要卖5～6只羊，50只羊全部卖完最多也就十天的时间，便同意将此条件写进合同。半个月过后，李老汉前来取款，周老板说还有两只羊未卖，再等一周，说是山羊太瘦，等养肥了再卖。李老汉多次索款不成，一拖两月有余，无奈，李老汉将周老板诉至法院，请求法院判令其立即付款。

问题：

1. 本案例中，是因为哪个合同条款不明确才使李老汉没能拿到货款？
2. 我们应该从本案例中吸取哪些教训？在订立合同时应注意哪些事项？

三、情境模拟

以2个同学为一组，分别扮演上述案例中的李老汉和周老板，再讨论应如何起草这份买卖合同。然后每组同学将自己起草的合同拿出来，供全班同学讨论修改。

模块七 售后跟踪

在推销员和客户达成交易后，一方面，只有货款顺利回笼，才能真正算是完成了一次完整的推销过程；另一方面，交易达成后还应和客户建立良好的客情关系，实现从交易营销到关系营销的转变。因此，售后跟踪是推销活动必不可少的一个环节。

学习目标：

1. 掌握及时跟踪、回收货款的技能
2. 掌握服务客户和维护客户感情的技能
3. 能熟练运用移动 CRM 系统

课题一　货款回收

某公司有一项专门针对推销员收款问题的规定，即：在一个月之内回收货款，可以获得全部奖金提成；在两个月之内回收货款，可以获得80%的奖金提成；在三个月之内回收货款，可以获得60%的奖金提成；在三个月之内没有回收货款，则没有奖金提成；在半年之内没有回收货款，要按货款金额的1%倒扣奖金提成，并安排专人跟进调查，如发现有与客户串通谋取私利的行为，将按相关规定给予处分直至追究法律责任。

阅读案例，思考以下问题：

* 回收货款为什么重要？

* 回收货款为什么不容易？

* 催收货款有哪些方法？

一、回款难的原因

1. 企业层面原因

（1）政策、资源“牵引力”不够

企业出的政策、投的资源不符合区域市场推销节奏规律，不能满足客户需求，或者跟竞争对手相比没有太多优势，造成“牵引力”不够，客户不“感冒”，因而不将回款当回事。

（2）企业要求过高

企业出台政策、投入资源，一般都附有门槛要求，对实力较强的客户，也许很容易就能达到，但对于另外一些客户，可能会有很大难度。

（3）市场出现各种问题

市场出现窜货、乱价、客户投诉等问题，如果企业处理失当，客户就会损失金钱、精力、时间和信誉，也会导致恶意拖欠货款等行为的产生。

（4）企业人事变动过于频繁

企业业务人员更换频繁，做过的承诺、答应的资源、待解决的问题，都有一定的不确定性。这样，客户不是不愿意回款，而是不敢回款。

（5）企业相关支持不到位

企业对终端市场的促销力度不够，对经销商的支持政策不到位，对客户的售后服务不及竞争对手，就会造成客户抱怨而拖欠货款。

（6）营销政策问题

有些企业急于出成绩，给销售部门压的任务过重，最后造成大量赊销，推销员迫于业绩压力就不得不放低对客户的信用要求，最后造成回款难。

（7）推销员问题

有些企业的推销员，由于缺乏一定的社会经验和催款技能，或者回款意识薄弱，容易被一些别有用心的客户拖欠货款。

2. 客户层面原因

（1）资金不足

客户资金运转不善，各方面运营稍微出现点问题，回款就备感吃力。

（2）不想占用资金

客户总是希望拿最优惠的政策，要最多的资源，并零库存销售，谁都不希望将资金换为一堆存货（产品能一直升值的除外）。

（3）竞争对手挤压

如果竞争对手在各方面做得更好，客户就会优先将有限的资金先满足竞争对手。

（4）市场不振

市场不景气时，销售差、库存满，要回货款比较困难。

（5）挟回款以令企业

市场容量有限，竞争激烈，客户商业地位又很高，如政策不先谈好，支持不到位，客户就可能挟回款问题与企业讨价还价。

（6）品行问题

个别客户恶意欠款。

示例：

江西某农副产品公司于2018年6月初发了一批货到杭州某超市，货款是13万元。由于是第一次做生意，双方签的合同是现金付款，当时超市付了10万元，验收完货后还写了一个欠3万元的单子并盖了公章，单子上写清在农副产品公司开的发票寄到后的7天内付清该款。当月27日，农副产品公司把发票寄到了超市，4天后打电话叫超市付款，但超市方面说手头比较紧过几天就打款过去，但10天后还没有打款，农副产品公司再打电话，超市方面无人接听电话，只回一个信息说过两天就打款，这样一直推了一个多月。再后来，农副产品公司再打电话，对方直接挂机……

二、回款难的预防

对绝大多数企业来说，赊销不可避免地存在，但推销员应有回款风险意识和防范手段。一般要注意做到以下几点。

1. 尽可能现金交易

进行交易最理想的状态当然是“兵马未动，粮草先行”，然后是“一手交钱，一手交货”，最起码也要明确付款期限。所以，在洽谈时推销员要有章有法，力争较有利的付款条件。

2. 尽量少赊销

赊销过多会容易形成大量呆账、死账，给企业造成重大损失。所以，规范的公司会认真做好赊销制度管理。作为推销员，必须做到以下几点：

（1）坚持信用评估

客户的信用问题是欠款的主要原因。推销员必须对客户进行信用评估，充分了解企业的赊销政策，把好赊销关。

（2）不对新客户赊账

新客户的欠账一旦发生，收账难度要比老客户大得多。况且，对新客户的了解无论如何也不如老客户多，因此，不少企业规定，凡是新客户，一律不赊销，只有在与客户的业务交往过程中充分了解客户的信用，才给客户赊销的权利。

（3）谨慎面对“大方”客户

客户根本没有讨价还价，这表明他们可能根本无意付款。因为那些按时付款的公司通常要尽可能争取最合理、最优惠的价格和付款条件。

（4）不要随便放宽赊销政策

避免为了竞争的需要，或者为了一笔势在必得的业务，又或者为了赌一时之气，而在付款条件上做出无原则让步。有些客户正是摸准了部分推销员的这种心理，有意识地让生产企业之间在付款条件上展开竞争，以坐收渔翁之利。

（5）选择风险较小的结算方式

风险较小的结算方式有现金结算、银行承兑和有担保（或抵押）的赊销等。风险较大的结算方式有信用卡付款、定期付款、售后付款等。

（6）强化责任管理

许多企业把推销员的收入同坏账损失直接挂钩，所以，推销员要时刻警示自己不轻易赊销，防止坏账。

3. 做好客户信用管理和应收款预警

推销员必须随时掌握客户的信息，密切跟踪客户的经营和信用状况，这样才能未雨绸缪，防呆账于未然。具体来说，推销员应该注意以下几点：

（1）该客户是否在做多元化投资

如果该客户在进行多元化投资，那其经营失败的风险就会相应增加。这时，推销员就需要加大对该客户的催款力度。

（2）该客户是否有不良恶习

如果客户有不良恶习，特别是赌的恶习，这说明该客户的经营状况潜伏着很多不稳定因素。这时，推销员就需要重新评估该客户的信用度。

（3）注意客户公司倒闭前的征兆预警

客户公司倒闭征兆如下：客户公司的人员流动突然加快，甚至连财务人员也开始辞职；客户公司的销售大起大落，突然提高进货数额，试图借企业的产品最后拼死一搏；客户的态度平时很一般，现在突然变好等。

（4）建立信用机制

企业信用机制包括两个基本组成：信用额度和信用期限。将客户按照信用度分成 A、B、C、D 等各种等级，然后规定不同等级客户欠款的最高数额。一旦货款超过这个数额，企业就不再给其发货；规定不同信用等级客户的回款期限，一旦回款超过规定期限，企业就不再给其发货。

4. 及早追要欠款

一旦欠款成为既成事实，收款就成为比销售更紧迫的任务。在追要欠款前，推销员要先弄清造成货款拖欠的原因：是疏忽，还是对产品不满；是资金紧张，还是故意等。应针对不同的情况采取不同的收账策略。

（1）不可心存侥幸，想当然地以为客户总会按期付款。只有信用良好的客户才能赊销，不能对不了解信用状况或信用较差的客户赊销。

（2）不要让客户养成延期付款的习惯。除非客户有特殊理由并做出付款保证，否则应坚决要求客户按时付款。

（3）同本公司财务部门密切配合。推销员可能忙于业务而忽略了收款，财务部门应及时提醒。同时，应尽量熟悉客户的财务圈子，客户的经营状况最先从财务上反映出来。

（4）不要怕因催款而失去客户。到期付款是理所应当的，因此，不要害怕因催款而引起客户不快或失去客户，其实，只要技巧运用得当，完全可以将催款作为与客户沟通的机会。当然，如果客户坚持不付款，那么失去该客户也不可惜。

（5）当机立断，及时中止供货。有研究表明，收款的难易程度取决于账龄而不是账款金额，2 年以上的欠账只有 20% 能够收回，而 2 年以内的欠账有 80% 能够收回。所以，针对那些久拖不付钱的客户，不及时止损只会越陷越深。

5. 做好相应的法律文书和证据保全工作

当客户实在不还款时，企业可以采用法律手段起诉客户。不过在起诉之前，应保证销售法律文书和证据齐全，并务必先向法院申请财产保护，冻结客户财产。这样企业才能确保既能赢得官司，又能追回货款。

示例：

某地总经销商陈经理与厂家通完电话，厂方同意本月给他 10% 的费用支持。陈经理感到十分满意，对公司财务说："王会计，你今天把 M 公司的 20 万元货款给汇了，让他们发货。"

王会计："陈经理，我们账面上没这么多钱。"

陈经理大吃一惊："账面上连 20 万元都没有？差多少？"

王会计："账面上就 5 万多元。"

陈经理觉得不可思议："才这么点钱？钱都到哪里去了？"

王会计："许多超市的款都没收回来，还有几家分销商说好货到付款的，到现在也没付。"

陈经理是个粗心人，平时对财务账目也不怎么过问。王会计跟随他工作多年，公司的账面都交给她打理，谁知竟然会出现资金链断裂的情况。陈经理感觉到问题很严重，便立刻查账。不查不知道，一查才发现公司的各项应收款达到300多万元，其中一些超市已有大半年未付款了。

陈经理连忙把所有推销员招回来开会，立刻开始全面清理应收款。对一些逾期未结款的客户，在未收回应收款之前，暂停供货。陈经理亲自带头，成立了应收款清理小组，自任组长。即便如此，还有部分应收款因时间太长，有些超市或关闭，或转让，而成了死账。

陈经理事后反思，认为此事的发生与公司应收款管理不善、责任人不明确、考核机制不健全有关。陈经理重新制定了应收款管理制度，每笔应收款逾期收不回，扣发销售责任人奖金。同时建立了客户授信制度，根据不同客户，确定不同额度的授信额度，超过授信额度就停止发货。还建立了业务档案管理制度，凡是文书资料不全的业务，相关业务员要扣发提成和奖金。

三、催收货款的技巧

1. 催款前的准备

（1）准备齐全发票、签收单等收款凭证。

（2）确保账目清楚，定期向客户发出货款征询函，要求客户盖上印章。

（3）确认客户的关键人物，向关键人物催款。

2. 催款技巧

（1）兵马慎动，策略先行

催款要有计划、有步骤，一般分为准备、软磨、强攻、收尾4个阶段。准备阶段，在与客户接触中抓紧摸底，多方取证，收集今后催讨、诉讼所需的证据材料。软磨阶段，形式以函催、面催为主，主要目标是探清对方真实意图和个性品质。强攻阶段，彼此公开对立、诉诸法律。收尾阶段，是非已明，关键要抓好执行，要防止对方转移财产。

（2）以快制胜，防止意外

催款时应注意掌握主动和行动快速，要有效地防止以下事态和意外情况发生：当事人中断承包、租赁、股权、联营协议；当事人辞职、退职、退休、解聘、出国；企业兼并、倒闭、破产，法人代表更换而新负责人推却不管；债务人将资金汇入新立账户、秘密账户或其他单位，难以查寻、冻结，或将自有产品转移、处理，无以抵债；债务人故意拖延，超过法定或约定的质量异议期限、产品质保期、保修期，申请合同仲裁、质量检验仲裁和诉讼等有效期限；市场行情突变、价格大跌，原价讨回的抵债物大幅度贬值等。

（3）抓住把柄，攻其要害

真正欠款不还的关键人物总有一两项弱点，推销员在平时工作过程中，只要深入细致地观察，就可以发现对方的薄弱环节，根据不同形势、不同环境进行分析，抓住其薄弱环节，采取相应的对策。

（4）多说少写，文武兼施

推销员催收货款时要义正词严，体现出较大的威慑力。只要不伤害对方自尊、体面，多说几句、调子高些也无妨。但催款文书或诉状却要用词严谨、简单明了。

（5）保本舍末，勿多苛求

市场竞争激烈，企业的沉浮很难预料。催款人必须密切关注和研究市场行情，在市场预测、行情分析、掌握情报的基础上决定催款策略。在重视货款本金大头的回收，确保企业流动资金和现金流充沛的基础上，可以舍弃一些利息、违约金等小利益。

（6）法理情义，同步相逼

催款时既要坚定维护本企业权益，通过与债务人讲道理、摆事实，必要时针锋相对甚至对簿公堂；又要顾及对方业务关系、以往友情和目前困境，必要时帮助对方出主意、找出路，让对方领情甚至感激，这样有利于债款的早还、早清。

3. 催款实战手段

（1）定期拜访：盯紧收款时间是避免逃账的有效方法。

（2）聚众联手：联合其他企业一同给欠款人制造压力。

（3）博得同情：向客户“哭诉”自己催不回货款的严重后果，以博得客户的同情。

（4）利益引导：暗示客户还款可以带来的利益，以引导客户主动还款。

（5）旁敲侧击：在客户面前谴责另一位未还款的客户或夸奖诚实守信的客

户，使其产生愧疚心理而还款。

（6）警告客户：以投诉等手段警告客户，使其为了维护自己的形象而还款。

（7）以情动人：通过各种方式表达自己对客户的信任与尊重，使客户因为内疚而还款。

（8）赞美客户：充分运用赞美的力量给客户某种较高评价，运用心理学的“标签”效应，让客户对号入座，为保持自身形象而自愿还款。

（9）服务制胜：为客户提供更好的服务，使产品销售更为顺畅，从而使客户因为感激而还款。

（10）引入竞争：表达出要大力培养某些客户作为战略合作伙伴的想法，让对方顾及自己的行业地位而还款。

（11）寻找“内应”：从客户公司内部寻找支持还款的角色，说服债务人。

（12）避公就私：从债务人的私人生活空间着手催款。

（13）疲劳战术：采用不断跟进的催款电话和拜访等手段，催促其还款。

（14）登门造访：亲自到客户办公室催款，并说明不完成任务不返回，使客户迫于压力而还款。

（15）借“梯”登天：利用关键的“第三人”力量（往往是对方领导）催款。

（16）专业催款：聘用咨询服务公司人员，通过专业、合法手段进行催款。

（17）法律维护：寻求律师协助，通过法律途径，合法收款。

示例：

“小方，来催账的吧？”方武还没有迈进门，贾老板就开门见山了。

“呵呵，哪里呀，出差顺便到您这里看看，最近生意怎么样？对咱们影响不大吧？”方武一脸的笑容，缓解了一下现场的尴尬气氛。

“生意影响倒不是很大，可现在关键是压账很厉害，我算了一下，现在我外面的赊账有30多万元。”谈起赊欠，贾老板也是一脸的苦衷。

“是啊，这简直是三角债了，对于企业来讲，影响特别大，由于公司的产品都是中低档，利润很低，货款收不回来，都不好运转了。”方武也说起了企业的困难。“其实，公司最近一直在要账，这关系到企业的生死存亡。”方武上升了问题的高度，“为此，公司还专门成立了法务部门，聘请律师专门对账款赊欠进行追讨，前不久，公司把一个欠了3万元的县级经销商告上法庭，结果，那位合作了5年的经销商不仅按期还了货款，而且还支付了诉讼费，我们也终止了与他们的合作，这其实可是双亏的结局啊，可公司也没有办法啊。”方武娓娓道来，有条、有理、有据。

“哦，怎么会这样，我们可是老关系了啊。这样吧，如果最近公司进账了，第一个先支付你们的欠款，你看好吗？”也许是那个打官司的案例起了作用，贾老板这次先发话了。

“好，这两天我先留在这里，拿不到款，公司肯定不会同意我走的。这样吧，这几天我也帮你去送送货，争取早点回款。”

“那好吧，其实我也是这样想的。”贾老板勉强答应了方武的建议。

第三天，贾老板便把先期收回来的5万多元货款交给了方武。

课堂演练

做一做

在催收货款的过程中，客户经常会制造各种借口来拖延付款，作为一个推销员，遇到以下情形时你会如何应对?

1.“支票已经寄出去了。”

2.“由于计算机故障，我们无法打印支票。”

3.“最近流动资金紧张。”

4.“最近忙得喘不过气来，再说我也没收到你的对账单。”

5.“一个月后我有一大笔进账，届时可以还款。”

6.“我对你们的产品 / 服务不满。”

7.“我们公司在90天内付清。”

8.“我们只能根据 ×× 原件付款。”

9.“我们在等候批准。”

10.“我们的负责人出差去了。”

以3个同学为一组，先进行讨论，然后派代表上台汇报自己组的应对思路和措施。

评一评

在货款回收的过程中，相当一部分客户可能需要“催”，在“催”的情况下，一部分客户会采用“拖”的办法，尽量延迟付款的日期。为此，推销员在催款之前，应预先做好对付各种借口的准备；在催收货款的过程中，要学会识别欠款人的借口，和对方斗智斗勇。

在“做一做”的上述情形时，推销员可以参照表7—1—1应对。

表7—1—1　　常见催款借口的应对

客户说法	分析	推销员对策
支票已经寄出去了	这是最常见的借口，也是结算诈骗的惯用手法	1. 请对方拿出寄支票的复印件，弄清楚欠债人发出支票的确切时间，核对抬头、账号、地址是否有误 2. 联系对方开户行（支票签发行），求证是否已经寄出。如果签发行不配合就更要小心 3. 联系自己的开户行，确认钱是否收到 4. 发现支票有误，则要求对方重新签发另一张支票
由于计算机故障，我们无法打印支票	1. 常见于大客户 2. 计算机出故障无法打印支票，采购也会受影响，牵涉方较多，财务部门的人员会知道，而且会通知修理人员尽快维修	1. 向对方财务部门人员询问是否确有其事 2. 看对方能否说出计算机维修的确切时间 3. 询问对方修好计算机后，付款还需哪些凭证，以免下次碰到其他借口 4. 与对方约好时间再来收款，注意不要让这个期限超过两天
最近流动资金紧张	1. 给予对方定期还款的压力 2. 要反思自己对客户的信用跟踪评估是否到位	1. 向客户的其他供应商以及客户的员工了解是否确有其事 2. 如情况需要，则要搞清楚客户是一时周转问题还是经营出现危机 3. 对有信誉，只是一时周转不灵的客户，适当给予延期，并尽可能为其出谋划策、联系业务、收应收账款，以诚心和服务打动客户 4. 对信誉不佳、经营的确面临危机的客户，要加紧催收，了解其关联单位（可否追索）及固定资产（实物抵债） 5. 告诉客户还款是诚信的表现，是应尽的本分、义务和责任，“资金紧张”不是拒付款的理由 6. 让客户先还一部分，其余部分要求客户写下分期还款计划

续表

客户说法	分析	推销员对策
最近忙得喘不过气来，再说我也没收到你的对账单	1. 理由牵强 2. 是否当场揭穿要看情况	1. 及时对账，把对账单亲自送交给客户 2. 有现代技术的帮助，只需要拨个电话，推销员就能把醒目的票据传真给欠款的客户。要在传真上写清“共几页”等字样，避免另生事端
一个月后我有一大笔进账，届时可以还款	如果相信对方，有可能又给了对方一个月时间寻找新的借口	1. 加紧催收 2. 适时运用催款实战技巧
我对你们的产品 / 服务不满	如果产品真的有问题，那么责任在自己，但这不是客户不付款的理由，最多是退货的理由	1. 询问对方不满的是什么，从什么时候开始对产品 / 服务不满，是否向自己的哪位同事表示过等细节问题，以确认是否真的是产品 / 服务有问题 2. 如果客户想还款，那么对产品 / 服务的不满不会是在收款时才提出，而是一接到产品 / 服务时就会提出 3. 把你的想法告诉客户，拆穿其借口，据理力争，收回欠款
我们公司在 90 天内付清	1. 考察对方信誉、实力等再作对策 2. 这个借口多发于大客户，其信誉度较高，但有自己的付款周期	1. 弄清对方是否信誉高，是否有自己的付款周期 2. 若是，尽可能与关键人物（高层、采购、质检、财务等）搞好关系，充分了解对方付款需要提供的文件，争取在对方的付款计划中挤上“头班车” 3. 若否，加紧催收，不要让对方拖延或又寻找新借口
我们只能根据 ×× 原件付款	如果事先清楚对方的付款程序，那么这个理由是不是借口就很清楚	1. 问对方还有什么别的途径或还需要什么手续等，以免下次碰到其他借口 2. 马上把原件送去，请对方兑现诺言
我们在等候批准	应弄清楚批准程序和要素，询问审批细节	1. 询问谁批准 2. 询问为什么还没批准 3. 询问何时能批准 4. 陈述困难并向对方施压，明确告诉对方过期后果，要求对方做出承诺
我们的负责人出差去了	应弄清楚负责人和审批要素，询问负责人行程安排	1. 询问谁负责，是否可以电话请示或找其他领导 2. 询问审批要素是否齐全 3. 询问负责人行程安排 4. 陈述困难，明确告诉对方负责人回来要抓紧审批，并要求对方做出承诺

悟一悟

将做一做环节的演练结果与评一评内容作比较。

思路异同：________________

方法异同：________________

需要提高：________________

心得体会：________________

思考与练习

一、讨论思考

1. 怎样预防回款难？

2. 常用的催收货款的技巧有哪些？

3. 推销员为什么要密切关注客户的经营情况？

4. 你赞同“销售第一，回款第二”还是“回款第一，销售第二”的说法？为什么？

二、案例分析

1. 案例一

推销员钱江来到经销商胡老板处，目的是回收货款，下面是他们的部分对话：

胡老板：钱江，你们最近到底有什么好的政策？

钱江：你不说，我还忘了，这个月政策没什么变化。以后不要道听途说，搞得那么紧张。

胡老板：那现在的政策到底是什么？

钱江：还是每个月返利，按照这个阶梯来返。

钱江边说边递上表格。

胡老板：刘经理还在公司吗？这个政策是不是他定的，好久没有看到他了。

钱江：还在公司，不过他太忙了。

胡老板：谁当了领导都会很忙，不信你试试？

钱江：还要你支持我才行呀，你不上量，我怎么能上去？

胡老板：哈，要上量还不容易？多做促销不就行了。

钱江：促销，应该怎么搞？这个月你还差 5 万元就能达到返利最高标准了，多可惜！

胡老板来了兴致：是啊……可是……要不这样，我再回款 20 万元，你看看能否再为我多争取点促销费用，让销量更上一层楼。

钱江：胡老板，货款办好了吧？我马上过去拿？

胡老板：货款我跟财务说过，不知办得怎么样了。

钱江：呵呵，我说胡老板啊，公司大了，人员也难管理了！

胡老板：钱江，这话什么意思？

钱江：没什么，办货款这样的小事还要您亲自操心去问，下面做事的也不主动给您汇报？

胡老板：钱江，和你开个玩笑，货款已经办好了，促销政策给我争取得怎么样了？

几天后，钱江再次来到经销商胡老板办公室。

钱江：胡老板，怎么只有 18 万元啊？

胡老板：真不好意思，昨天公司账上只有 16 万元现金，我还是借钱才凑到 18 万元，你要理解我啊，小兄弟。

钱江：我已经和领导保证过了，我担心领导看到货款会不高兴。

胡老板：是吗？我给刘经理打个电话，不就差 2 万元吗？又不伤大雅！

钱江：那就好，这样我就省心多了，你也应该多和我们领导聊聊天。

胡老板给刘经理打电话。

胡老板：你好，刘经理，我是运腾实业的老胡。

刘经理：胡老板，好久不见了，真对不起，好久没去看你这位老大哥了，不会兴师问罪来了吧？

胡老板：怎么敢？刘经理，就是打个电话增进增进感情。和你商议件事，不知钱江和你讲了没有，就是关于回款和促销的事情。

刘经理：回款和促销的事情出了什么纰漏？钱江给我保证说你一定能再回款

10 万元，难道……

胡老板：没什么大事，货款钱江已经取走。刘经理，你也知道，我这个月已经连续回款 50 万元了，压了一仓库的货，请你帮帮忙，多给些促销支持吧。

刘经理：胡老板，促销的事情钱江会安排好的，放心吧。

结果，胡老板在第二天就把 2 万元打到了钱江所在公司的账户上。

问题：

（1）钱江催收货款运用了哪些技巧？

（2）你如何评价钱江的催款表现？

2. 案例二

“你们一定要体谅我啊，我现在真的没有钱，不信你看看账面。”朱老板看到麦军递上来的欠条，面露难色。

“朱老板，我很理解你，可公司不理解我呀，如果我这次收不回来你欠的这 6 万元，恐怕我就要卷铺盖走人了。”麦军以其人之道还治其人之身，也向朱老板诉起苦来。

“可我现在没有钱怎么办？”朱老板摆出一副就是不肯还款的架势。

“这次来之前，我也给你打过电话了，让你准备一下，可你还说没有钱，我们只有待在你这里等了，等到什么时候有钱，我们就什么时候回去。”麦军说。

“哦，那你就等吧。”朱老板好像用惯了这套招式。

麦军真的留下了，一待就是 4 天，并且，他每天就像在上班一样，待在朱老板的办公室，偶尔还去财务室走走。尤其让朱老板感到不可思议的是，就连下级分销商来办公室洽谈、进货，他也在旁边听着、看着，简直就是赶不走的“瘟神”。

到了第 5 天，朱老板实在受不了了，他当着财务主管的面，询问有多少现金。财务主管告诉他有 3 万多元。

“都给麦经理吧，麦经理在这里，我受宠若惊而心不安呀。”朱老板一副为难的模样。

“谢谢朱老板关照！”收完现金，麦军边交付欠条，边跟朱老板说，“还欠 3 万多元，这样吧，我这几天也掌握了竞争对手的一些情况，给你出个主意吧。我们可以帮你策划一次订货会，将最新产品与老产品搭配推广，吸纳下游客户资金，同时，也能够占仓压货，抢占市场，打击竞争对手，你看如何？”

“哦，这倒是一个不错的主意，谈谈你的具体思路和操作方法吧。”朱老板做出洗耳恭听状。

于是，麦军一五一十地把具体操作步骤和方法讲给了朱老板。

10 天后，这次订货会现场收到现金 80 多万元，不仅还清了企业的 3 万多元欠款，而且还回款了 50 万元。

问题：

麦军催收欠款运用了哪些技巧？你如何评价其催款表现？

三、情境模拟

背景资料：周兵是某大米厂的推销员，林老板是某社区小超市老板，在一个月内周兵已经发了三次货给林老板，总价值 3 万元，但还没收到一分钱回款，周兵今天又去林老板处催收回款。

任务：以 2 个同学为一组，先合写一份催款过程的情景剧；然后一人扮演周兵，一人扮演林老板上台演示（可自行补充条件）。

课题二　培养与客户的感情

推销员邹家明经常帮助客户凌云搬货、理货，甚至帮他运货，可谓殷勤备至，而凌云对邹家明也是关怀有加，有时甚至要请吃请住，非常亲近，因此，邹家明认为和凌云已经建立了良好的关系。有一次，公司新增了一项业务，邹家明便和凌云谈起了这项业务，结果，凌云说道："如果是你私人的生意，我就是赔本也跟你做；如果是公司的，没钱赚的生意我是不能做的。"邹家明听后非常郁闷。

阅读案例，思考以下问题：

*怎样与客户建立良好关系？

*与客户保持良好关系的注意事项有哪些？

*如何评估推销员与客户的良好关系程度？

一、如何建立良好的客情关系

广义的客情关系包含三层含义：一是和最终客户的关系，这是客情关系中最主要的一环，也是狭义所指的客情关系，它能帮助推销员更好地卖出产品；二是和渠道合作伙伴的关系，这直接关系到产品的服务水平和销售状况；三是和公司内部各部门的关系，它能帮助推销员得到更多公司其他部门的支持和协助。

建立良好的客情关系是推销员必备的素质之一。客情关系不能保证推销员一定能完成推销业绩，但却是完成良好推销业绩的润滑剂。

维护与稳固良好的客情关系，最关键的就是为客户提供优质高效、全方位的服务，具体来说包括以下方面。

1. 建立客户档案

只有熟悉和掌握客户的情况，才能向客户提供针对性强和更有价值的服务，才能更好地满足客户的需求。因此，推销员必须要建立客户档案。

建立客户档案就要专门收集客户与公司联系的所有信息资料，以及客户本身的内外部环境信息资料，主要包含以下几个方面：

（1）客户基本资料

包括客户的企业组织形式、资产、规模、名称、地址、电话以及他们的个人性格、兴趣、爱好、家庭、学历、年龄、能力、经历背景等。

（2）客户特征资料

主要包括服务区域、销售能力、经营观念、管理特点及所处地区的文化、习俗、发展潜力等。

（3）竞争对手资料

主要包括该客户与其他竞争者的关系、竞争者对该客户的关注程度和政策等。

（4）交易现状资料

主要包括客户的销售活动现状、存在的问题、未来的发展潜力、财务状况、信用状况等。

至于客户档案的载体，对于处于初级阶段的小规模企业来说，客户档案可以通过 WORD、EXCEL 等办公自动化软件进行简单的编辑、统计等操作。当企业发展到一定程度，客户的数量有一定的规模时，客户档案数据库的建设可采用两种模式，一种是建设单独的客户档案数据库；另一种是融合在企业的信息化管理系统中，客户档案数据库作为其中的一部分。

示例：

广州的推销员邱贵在交谈中得知河南某厂的张老板是个很孝顺的人，并知道了他父母的住址和生日，于是将这些信息都记录在客户档案中，在张老板父亲 80 大寿那天，邱贵让礼仪公司的两位员工抬着一个硕大的鲜花篮敬献给寿星，并当场播放其录制的拜寿视频，令张老板非常感动。

2. 做好客情维护

很多人可能会认为和客户搞好关系，无非是见面喝个酒、逢节送个礼等，其实，真正的客情维护是在公司明文规定的销售政策外，推销员充分调动所能争取的资源以及运用个人的努力与魅力给予客户情感上的关怀和满足，为正常的销售工作创造良好的人际关系环境。

具体来讲，推销员客情维护工作的主要内容见表 7—2—1。

表 7—2—1　　客情维护工作的主要内容

客情类别	维护形式	要点	注意事项
常规性、周期性客情维护	常规性电话拜访或微信问候（一般不用电子邮件、信函、短信等）	关心问候，满足客户情感需求	1. 弱化工作氛围，强化感情印象 2. 以嘘寒问暖为主要内容
	周期性实地拜访	进行产品售后跟踪调研、需求调研、加深交流等	1. 可以带一些价值不高但很实用的小礼品 2. 邀约共同参加一次客户喜爱的文体娱乐或餐饮活动
	重大节假日慰问	致贺词、送礼品，精神和物质双管齐下	1. 具体选择形式（如专程拜访、信函、短信、微信、电话、电子邮件、贺卡等）时应充分考虑客户的个性特点和自己的实际情况 2. 贺词要尽量原创，力求别具一格 3. 尽量送有特色的礼品
客户单位重大事件客情维护	客户单位重大营销事件的出席、慰问、支持、感谢	体现共同参与、同舟共济、并肩作战的“战友”情	1. 全力支持，不辞劳苦，拉近彼此之间的心理距离 2. 应以单位对单位的名义建立关系比较合适
客户个人重大事件客情维护	客户及其至亲重要事件的出席、慰问、支持、感谢	例如生日、结婚、生子、做寿等喜事，还有生病、亲人去世等意外事件	1. 为客户长脸面 2. 为客户做支撑
	给予客户特殊帮助	例如小孩升学或就业咨询、办理某些证件、购买某些特殊品等事项	1. 注意方式方法，给客户一些善意的帮助，拉近双方关系 2. 要注意管理客户期望
个性爱好客情维护	就客户的爱好（如看球、书法等）进行讨论、体验等	共同爱好容易催生深层次的“知己情”	1. 经常切磋，共同进步 2. 水平要尽量相当
重大环境事件客情维护	对客户所在区域的环境事件表达关心和慰问	诸如自然灾害、传染病、恶性事故等	1. 及时问候 2. 多了解相关知识，尽量给予客户帮助

示例：

推销员高华在和客户聊天的过程中，得知其准备把高中毕业的儿子送到外国去读某大学，这本来只是闲聊，可在交谈过程中高华越来越觉得那家留学机构和大学有问题，在不动声色地结束谈话后，高华迅速委托教育部门的一个朋友了解情况，结果证实那家留学机构根本就无任何资质，而那所大学的教学质量也有很大问题，高华立即将相关信息通知给了这位客户，使这位客户避免了较大的损失。此后双方的关系不知不觉往前进了一大步。

二、建立客情关系的要求

做推销就是做关系，建立客情关系的水平决定了推销员的销售能否上量、能否及时回款、销售管理和销售网络建设能否做好等。在销售管理实践中，很多企业都对推销员有两方面的考核指标：一是销售任务硬指标考核，二是客情关系的软指标考核。

一般来说，对推销员建立客情关系的水平可以建立考核表进行考核，考核的目的是要求推销员在客情方面的工作达到相关标准。常见的考核要求如下：

1. 为每个客户建立一个“客户客情关系卡”，并动态修正。

2. 无论何时何地和老客户见面，都能相互叫出名字，尤其是客户能叫出推销员的名字。

3. 熟记“客户客情关系卡”中的内容，随口能说出客户基本情况，尤其要知道重点客户的兴趣、爱好、近期状态和最近业务进展。

4. 知道客户的三个直系亲属或者亲密友人的一些情况，熟悉客户身边的人和事，知道客户个人烦心的事，能为其解忧。

5. 知道客户的三个电话：办公电话、手机电话、家庭电话，知道客户的QQ/微信号码和电子邮箱。

示例：

中秋节快到了，推销员小于去拜访客户，给客户采购部的员工每人送了一盒月饼和三张电影票。他前脚刚离开，采购部的正副经理老刘和老马就议论开了。

老刘：刚才那个推销员也没讲自己是哪个企业的，还好像和我们很熟悉似的，他们做什么产品的啊？

老马：我也搞不清，傻里傻气的，既然送来了，我们用就是了！

三、建立客情关系的注意事项

1. 坚持以“合作双赢”为中心

推销员与客户的关系是靠利润来维持的，只有建立在“双赢”的基础上，双方关系才能健康和长久。如果推销员为了追求短期或局部利润最大化，不惜吃差价、吃返利，甚至欺骗客户，最后结果只能是坑公司、丢客户，断送自己的前程。

2. 避免卷入客户内部人际矛盾

在与客户相关人员的往来中，要把握好交往的原则和分寸，做到只谈感情不谈对方“人事”，不能卷入客户内部的人际纠纷中，更不能在交恶双方中当“传话筒”。

3. 重视客户周围的关联人士

客户周围的关联人士（家人、朋友、生意伙伴、上下级、同事、后勤人员等）对客户都有一定的人际影响力，推销员平时对他们多尊重和关心一些，既是尊重客户，同时也可以在需要时获得他们的支持。

4. 正确把握与客户的交往分寸

第一，认识到客户不是你的亲人。推销员与客户打交道时间长了，感觉关系很不错了，往往一厢情愿地把自己当成客户的亲人一样，毫无保留地把自己一切喜好、缺点、公司制度统统暴露给客户，这是很危险的，很容易使自己受制于人；第二，认识到与客户不是零距离交往，有句话说得好：“距离产生美”，人们都希望拥有自己独立的生活空间，这些空间是工作之外的，是不希望有外力干扰的，尤其排斥具有经济利益关系的单位和个人在工作、生活、经济上的“全方位包围”；第三，认识到客户不是你的附庸，即使你的产品给客户带来了好处或利益，也要平等地以诚相待，因为真正的感情才是建立双方合作关系的坚实基础。

课堂演练

做一做

袁勇被派去接管运通公司某地区化工原料的销售业务。上一任留给他不少本地组织客户的资料，但他仔细查阅之后发现了几个问题：第一，资料比较零散，没有经过整理、分类，也没有编目、造册，更别奢谈用计算机软件管理了；第二，客户的基础资料很简单，很多都只有企业名称、地址、法人代表、电话等要素；第三，客户的情况都没有动态监测和补充，很多资料卡都是好几年前的，后来再没有补充过。看来，袁勇要建立客情关系还必须好好下一番功夫。

全班同学以 3 人为一组，帮助袁勇建立客户档案表（以组织客户为对象，资料不足可自己补充），然后比比哪组的设计最好。

评一评

一、建立客户档案表

建立并管理客户档案，是体现售后服务、延伸销售和客户精细化管理理念的一个前提，是与客户保持感情的重要纽带。客户档案管理需要数据化、精细化、系统化，这样的档案才对销售工作有指导意义。

袁勇设计了自己的客户档案表，客户档案表分为简易客户资料卡（见表 7—2—2）和客户资料详表（见表 7—2—3）两部分。

表 7—2—2　　　　　　　　　　简易客户资料卡

______年____月____日

<table>
<tr><td colspan="2">客户名称</td><td colspan="2"></td><td rowspan="3">资金
状况</td><td>往来银行</td><td></td><td>账号</td><td></td><td>编号</td></tr>
<tr><td colspan="2">企业所在地</td><td colspan="2"></td><td>现金情况</td><td colspan="3"></td><td rowspan="4">总号
账号
序号</td></tr>
<tr><td colspan="2">工厂所在地</td><td colspan="2"></td><td>资金周转</td><td colspan="3"></td></tr>
<tr><td colspan="2">子公司名称</td><td colspan="2"></td><td rowspan="6">付款
情况</td><td>承办人付款</td><td colspan="3"></td></tr>
<tr><td rowspan="4">负责人</td><td>法人</td><td colspan="2"></td><td>付款态度</td><td colspan="3"></td></tr>
<tr><td>厂长</td><td colspan="2"></td><td>付款日期</td><td colspan="3"></td><td>经营者
性格、嗜好</td></tr>
<tr><td>经办人</td><td colspan="2"></td><td>付款支票</td><td colspan="3"></td><td rowspan="3"></td></tr>
<tr><td>实权者</td><td colspan="2"></td><td>使用支票</td><td colspan="3"></td></tr>
<tr><td colspan="2">公用电话</td><td colspan="2"></td><td>日期</td><td colspan="2">搜集变更资料</td><td>登记事项</td></tr>
<tr><td>业别</td><td></td><td>组别</td><td></td><td rowspan="3">变更
及
其他
登记</td><td></td><td colspan="2"></td><td></td><td>经办付款人
性格、爱好</td></tr>
<tr><td>等级</td><td colspan="3"></td><td></td><td colspan="2"></td><td></td><td rowspan="2"></td></tr>
<tr><td colspan="2">开始交易日期</td><td colspan="2"></td><td></td><td colspan="2"></td><td></td></tr>
</table>

续表

使用主要产品			变更及其他登记				备注
营业概况	营业项目						
	营业范围						
	营业性质						
	营业状况						
	销售能力						
	员工人数						
	营业旺季						
	最高购买						
	月均购买						

表 7—2—3　　客户资料详表

填写日期：

客户类别			地址			电话			
经营者概况									
姓名		性别		年龄		籍贯		住址	
学历		语言		性情		品性		社会关系	
配偶影响程度		其他职位		曾前科否		曾倒闭否			
以往信誉									
法人代表			实权者			与经营者关系			
金融状况									
往来银行		账号			记事		兑现情况		
资金状况：　丰裕　充足　紧张　短缺　危险									
付款情况									
付款态度：　爽快　普通　尚可　延迟　为难　欠款									
其他说明：									
经营概况									
经营方针	1. 积极　2. 保守　3. 坚实　4. 平常　5. 零乱　6. 投机								
业务状况	1. 兴隆　2. 渐盛　3. 常态　4. 衰退　5. 危险								

续表

营业种类					
进货对象	1.　　占　%　2.　　占　%　3.　　占　%				
销售种类	1. 门市　%　2. 机关　%　3. 批发　%　4. 其他　%				
销售范围	1. 本地　2. 其他				
销售价格	1. 合理　2. 略低　3. 略高　4. 削价				
营业性质	1. 专营　2. 兼营				
每月平均销售实绩					
每月平均销售力					
最高月额	进货		最低月额	进货	
	销售			销售	
	存货			存货	
一般概况					
组织	1. 独资　2. 合资　3. 股份公司				
门市面积	1. 大　2. 中　3. 小				
开业时间	年　月　日				
门市布置	1. 好　2. 普通　3. 可以　4. 不好				
仓库	1. 大　2. 中　3. 小　4. 无				
退货习惯	1. 无　2. 合理　3. 不正常　4. 正常				
财务管理	1. 佳　2. 普通　3. 恶劣　4. 无				
存货管理	1. 佳　2. 可以　3. 一般　4. 劣				
店铺	1. 自有　市价　2. 租用　租金				
店址	1. 闹市　2. 商业街　3. 住宅街　4. 工矿区　5. 郊区				
车辆	1. 轿车　2. 大卡车　3. 三轮车　4. 摩托车				
同行业中地位	1. 领导力　2. 具影响力　3. 一流　4. 二流　5. 三流				
员工情况	店员　名	推销员　名	修理员　名	临时工　名	
对国际名牌认知程度	1. 了解　2. 略知　3. 熟知　4. 不知　5. 颇感兴趣				
最近半年来实绩变化：以往每月平均实绩　　概况　　预测					
与其他厂家的特殊关系：					

续表

<table>
<tr><td colspan="8">保全关系</td></tr>
<tr><td rowspan="3">担保品</td><td>名称</td><td>所有权者</td><td>记事</td><td colspan="2">登记价格</td><td>实际价格</td><td>抵押手续</td></tr>
<tr><td></td><td></td><td></td><td colspan="2"></td><td></td><td></td></tr>
<tr><td></td><td></td><td></td><td colspan="2"></td><td></td><td></td></tr>
<tr><td rowspan="3">店保</td><td>商号</td><td>资本额</td><td>营业执照号</td><td>店址</td><td>负责人</td><td>身份证</td><td>担保手续</td></tr>
<tr><td></td><td></td><td></td><td></td><td></td><td></td><td></td></tr>
<tr><td></td><td></td><td></td><td></td><td></td><td></td><td></td></tr>
<tr><td rowspan="3">个人保</td><td>姓名</td><td>身份证号</td><td colspan="2">住址</td><td colspan="2">记事</td><td>担保手续</td></tr>
<tr><td></td><td></td><td colspan="2"></td><td colspan="2"></td><td></td></tr>
<tr><td></td><td></td><td colspan="2"></td><td colspan="2"></td><td></td></tr>
<tr><td>经销合约</td><td></td><td></td><td colspan="2"></td><td colspan="2"></td><td></td></tr>
<tr><td>资信机构提供资料</td><td colspan="7"></td></tr>
<tr><td>结论</td><td colspan="7"></td></tr>
<tr><td>最高信用程度</td><td colspan="7"></td></tr>
</table>

<table>
<tr><td colspan="10">调查或填表者</td></tr>
<tr><td>1</td><td>2</td><td>3</td><td>4</td><td>5</td><td>6</td><td>7</td><td>8</td><td>9</td><td></td></tr>
<tr><td></td><td></td><td></td><td></td><td></td><td></td><td></td><td></td><td></td><td></td></tr>
<tr><td colspan="10">确认者</td></tr>
<tr><td>董事长</td><td></td><td>总经理</td><td></td><td>营销总监</td><td></td><td>销售经理</td><td></td><td>销售主管</td><td></td></tr>
</table>

然后，袁勇通过询问、电话联系、走访等手段对每一个客户档案进行了完善。

二、实行动态管理

袁勇知道，市场在变，客户也在变，必须随时掌握客户的最新情况。因而，客户档案不是建立在一个静态数据上，而是要动态管理，随时了解客户的经营动态、市场变化、负责人的变动、体制转变等，加强对客户资料收集、整理，将客户档案建立在已有资料的基础上进行随时更新，并定期（如两个月）开展一次客户档案全面修订、核查工作，对成长快或丢失的客户分析原因后，另作观察。每次修订后的客户档案，分门别类地整理为重要性、特殊性和一般性客户三个档次。

三、实行分类管理

在客户档案管理的基础上，袁勇采取“抓两头、放中间”的管理办法，也就是关注大客户和最差客户，这样有利于企业产生最大化利润并降低企业风险。对主要客户的档案管理，不停留在一些简单的数据记录和单一的信息渠道来源上，坚持多方面、多层次了解大客户的情况，如现场走访、市场反馈、行业人士反映、网站和内部消息以及竞争对手的情况等。还注意对大客户进行亲情化管理，如节假日的问候，新产品上市、销量上升的祝贺等，让客户知道运通公司和袁勇一直在关注着他们。对风险性大（如经营状况差、欠账、信誉度下降、面临破产改制等）的客户，随时了解其经营动态，做好记录，确保档案信息的准确性、时效性，并不定期访问调查，把风险控制在萌芽状态。

悟一悟

将做一做环节的演练结果与评一评内容作比较。

思路异同:______

要素齐全:______

需要提高:______

心得体会:______

思考与练习

一、讨论思考

1. 为什么许多企业都要制定对推销员在建立客情关系方面的考核要求?
2. 客情维护工作通常包括哪些内容?
3. 你赞同“推销员的根本目的是满足客户的利益”这句话吗? 为什么?

二、案例分析

化妆品推销员周雷去当地一家生意最好的化妆品专卖店拜访店主文老板。第一次见面，周雷通过当地朋友的引荐简单地介绍了自己并交换了名片，但并没有直接谈合作的事情。晚上一起吃饭时周雷观察到这个文老板很疼爱他的小儿子。

第二次周雷去找文老板详谈工作时，除了携带产品资料外，还带了一辆模型玩具车送给文老板的儿子。小朋友对玩具车喜欢得不得了，叔叔、叔叔叫个不停，还拉住周雷陪他玩。文老板看到儿子这么高兴，心情愉悦，与周雷合作的事情谈得也比较顺利。

问题：

1. 周雷为什么能与文老板合作成功？
2. 你如何评价周雷建立客情关系的能力？

三、情境模拟

准备：全班同学分为两组，分列教室两边，一组同学扮演客户，另一组同学扮演推销员。

任务：每次在两组中随机各选出一位同学，要求扮演推销员的同学至少选用三种切实可行的方法建立客户关系，扮演客户的同学要认真记录随后进行效果点评。

课题三　熟悉 CRM 系统

某地产公司近年来飞速发展的业务给销售工作的管理带来了一系列问题：

1. 外勤记录繁冗、滞后。公司推销员在外出拜访客户时，通常只能手工记录，回到公司后再全部录入原有办公系统中，这不仅占用推销员大量私人时间，还使得每个项目都是重复记录，信息即便录入办公系统，也已经滞后数小时，甚至被遗漏。

2. 难以严格把控销售流程。因为大量项目录入不及时或者被遗漏，销售总监和公司高层无法实时了解公司项目的进展。并且，由于没有一个标准阶段流程，推销员是依靠直觉、感觉来判断项目进度，使得每位推销员对项目的“把握”千差万别。

针对公司出现的问题，某移动 CRM 系统提供了以下解决方案：

1. 推销员外出拜访后，直接通过该移动 CRM 系统的手机应用端，利用碎片时间方便、快捷地将信息直接录入系统中。同时，手机端的签到拜访能够真实有效地记录推销员的拜访行为，推销员在拜访客户过程中遇到任何问题，都可以通过手机端获得来自公司内部的支持。

2. 设立标准阶段流程并将流程可视化，推销员所有在跟进的单子都按照不同的阶段划分并以图表形式呈现，直观显示出所有单子的跟进阶段，帮助销售总监和公司高层分析推销员目前在销售的哪个环节出现了瓶颈，通过有针对性的辅导工作，提升推销员的业务能力和综合素质。

阅读案例，思考以下问题：

* CRM 的含义是什么？

＊CRM 系统有什么作用？

＊如何运用移动 CRM 系统？

一、CRM 系统概述

CRM（Customer Relationship Management，客户关系管理）系统是以客户数据的管理为核心，利用信息科学技术，通过满足客户个性需求，实现缩短销售周期、降低销售成本、增加收入、拓展市场、全面提升企业赢利能力和竞争能力等目的。CRM 系统可以分为传统 CRM 系统和移动 CRM 系统两大形式。

CRM 系统可以改善中小型企业的销售流程，为销售活动的成功提供保障；能够缩短销售周期，加强潜在客户的机会管理，降低由于对潜在客户管理不当而造成的损失；能够使信息更加集中，推销员通过分析这些客户信息，可以更加有的放矢，大幅度提高交易成功率。此外，CRM 系统能让中小型企业更加便捷地预测销售业绩、测量企业绩效，能更深入地挖掘销售机会，创造评估销售流程的平台，识别现有问题、最新趋势及潜在机会，直接或间接地增强企业的赢利能力。

二、移动 CRM 系统

移动 CRM 系统是一个集 4G 移动技术、智能移动终端、虚拟专用网络（VPN）、身份认证、地理信息系统（GIS）、商业智能等技术于一体的客户关系管理手机软件。主要包括客户管理、销售管理和销售支撑三大功能。

1. 客户管理

移动 CRM 系统帮助推销员管理所有的客户信息，更好地为客户服务；帮助企业合理分配客户资源，整体提升销售团队工作效率。

2. 销售管理

移动 CRM 系统帮助推销员管理从潜在客户到销售项目跟进再到业务分析的全流程，同时帮助销售管理者随时掌握团队项目进展情况及团队业绩等。

（1）销售目标管理

将年度销售目标分拆到季度、月度，系统目标仪表盘能够实时展示个人或者团队实际完成业绩和销售目标的状况，以方便推销员或管理者及时调整策略。

（2）销售流程管理

具备流程可视化功能，通过跟踪流程来指引销售，以提升销售团队的执行力和业绩。

（3）销售线索管理

可将获取到的潜在客户信息批量导入系统中，并分配给相关推销员，推销员可在跟进后进行不同处理，以帮助市场部门判断投入的有效性。

（4）销售漏斗管理

将销售跟单过程细分成不同阶段，根据实时销售漏斗数据做出管理决定，以提升跟单赢率和预测准确性。

（5）销售行为管理

推销员拜访客户时使用手机签到，移动 CRM 系统提醒推销员记录会谈情况并将记录同步到云端。推销员每天、每周的客户拜访情况一目了然，甚至无须填写日报、周报。

（6）合同和回款管理

合同和回款功能记录了项目合同和回款所有执行状态，方便推销员轻松管理应收货款和续约问题。

（7）报表与分析

推销员使用报表与分析功能，可以全面掌握业务情况。

3. 销售支撑

推销员的工作特点是“在路上”，移动 CRM 系统可以将客户、同事、项目“装进”手机里。通过手机，可以随时随地进行查看项目进展、处理折扣申请、审批合同和分派任务等工作。

三、移动 CRM 系统的使用

1. 下载、安装 App 并注册。

2. 注册成功后，在手机或计算机上登录 App，点击“马上安排”后选择“新建日程”或“新建任务”进行日程工作安排，如图 7—3—1、7—3—2 和

7—3—3 所示。

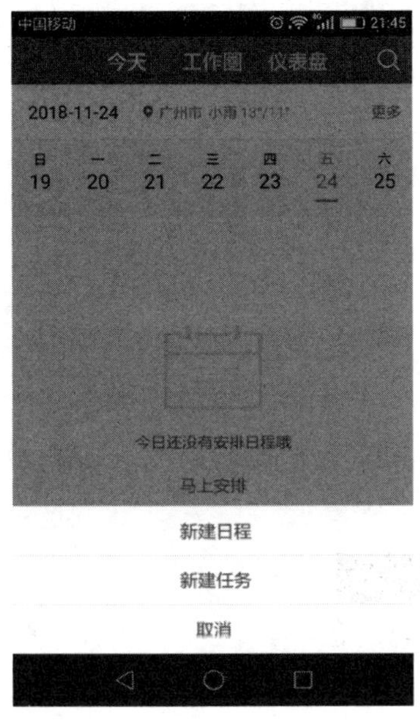

图 7—3—1　“马上安排”界面

图 7—3—2　“新建日程”界面

图 7—3—3　“新建任务”界面

3. 登录相关界面后，可选择点击位于界面下部的“首页”“消息”“CRM”“办公”“我”及位于上部的“今天”“工作圈”“仪表盘”等栏目运行相应功能，如图 7—3—4 所示。

图 7—3—4　登录界面

课堂演练

做一做

在手机上下载移动 CRM 系统，注册并登录。

任务：录入一条新客户资料。

评一评

成功注册并登录移动 CRM 系统后，在登录界面选择点击位于下部的“CRM”选项，出现如图 7—3—5 所示界面；点击“客户”栏目，出现如图 7—3—6 所示界面；点击右上角“+”图标，在出现的选项中选择“手工输入”，出现如图 7—3—7 所示界面；在相应条目中输入客户的各项信息，再点击“添加更多条目”，出现如图 7—3—8 所示界面，补齐相应条目内容后保存即可。

图 7—3—5　“CRM”界面

图 7—3—6　“创建新客户”界面

图 7—3—7　“输入新客户信息”界面

图 7—3—8　“添加更多条目”界面

悟一悟

将做一做环节的演练结果与评一评内容作比较。

操作熟练：____

信息规范：____

需要提高：____

心得体会：____

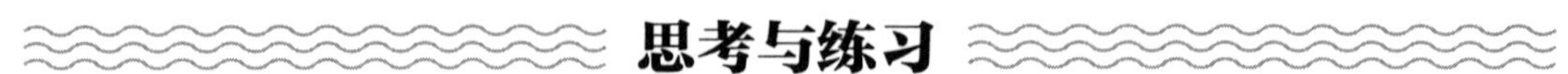

思考与练习

一、讨论思考

1. CRM 的核心理念是什么？
2. 移动 CRM 系统对销售工作有哪些帮助？

二、分析讨论

A 推销员：我在网上看了一些技巧，发现推销员用 CRM 客户管理软件能够提高 20%～40% 不等的业绩，顿时觉得很震惊。CRM 系统可以随时随地记录客户的一切情况，还有客户生日提醒、日程提醒、重要事提醒等功能，这样不用担心因为忘记客户的事情而丢单，里面还可以看公司规章制度、产品知识、销售经验、客户服务案例，还可以分享好的知识，而且数据可以存在里面，想用就用。

B 推销员：CRM 系统没什么用，真心烦，公司要求用 CRM 系统完全是画蛇添足！推销员想要提高业绩，靠的是沟通能力还有就是客户资源多，因为沟通能力好的话对于客户来说更能够接受你销售的产品，所以我感觉提高推销员的业绩靠的是沟通能力。

问题：

1. 你认为 CRM 系统有用吗？为什么？
2. 你认为公司在推行 CRM 系统时应注意哪些问题？

三、情境模拟

背景资料：小李是一位中小学教学管理软件的华南（或华中、华北、东北、西北、西南等）片区推销员，工作主要职责是向区域内的中小学校推销教学软件。

任务：请在移动 CRM 系统上帮小李输入 5 条客户资料信息，并试着按销售额进行排序（可自行补充条件）。